Leituras Críticas Importam
Alvaro de Azevedo Gonzaga (Coord.)

PADRE JÚLIO **LANCELLOTTI**

Tinha uma pedra no meio do caminho

Invisíveis em situação de rua

Leituras Críticas Importam
Alvaro de Azevedo Gonzaga (Coord.)

PADRE JÚLIO **LANCELLOTTI**

Tinha uma pedra no meio do caminho

Invisíveis em situação de rua

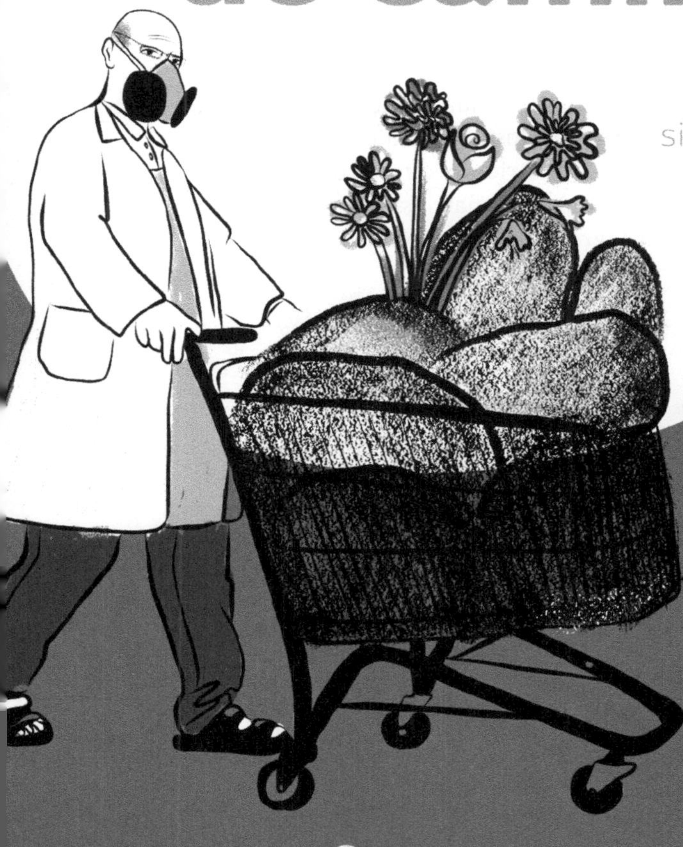

3ª tiragem

©2021, Júlio Renato Lancellotti

Todos os direitos reservados e protegidos pela
Lei nº 9.610/1998.
Nenhuma parte deste livro, sem autorização prévia, poderá ser reproduzida ou transmitida sejam quais forem os meios empregados: eletrônicos, mecânicos, fotográficos, gravação ou quaisquer outros.

Publisher – Editorial: Luciana Félix
Publisher – Comercial: Patrícia Melo
Copidesque e preparação de texto: Renato de Mello Medeiros Filho
Revisão: Equipe Matrioska Editora
Projeto gráfico e editoração: Marcelo Correia da Silva
Ilustrações e Capa: Rafaela Fiorini e Lídia Ganhito
Fotos Capa e Miolo: Claudio Margini Jr.

Matrioska Editora

Atendimento e venda direta ao leitor:
www.matrioskaeditora.com.br
contato@matrioskaeditora.com.br
facebook.com/matrioskaeditora
instagram.com/matrioskaeditora

Dados Internacionais de Catalogação na Publicação (CIP)
(Câmara Brasileira do Livro, SP, Brasil)

Lancellotti, Julio Renato
  Tinha uma pedra no meio do caminho : invisíveis em situação de rua / Julio Renato Lancellotti. -- São Paulo : Matrioska Editora, 2021. -- (Leituras críticas importam ; 1 / coordenação Alvaro de Azevedo Gonzaga)

  ISBN 978-65-86985-26-9

  1. Instituições religiosas - São Paulo (SP) 2. Pessoas desabrigadas - Brasil 3. Pessoas desabrigadas - Condições sociais - São Paulo (SP) I. Gonzaga, Alvaro de Azevedo. II. Título III. Série.

21-69261   CDD-362.50981

Índices para catálogo sistemático:
1. Pessoas em situação de rua : São Paulo : Cidade : Problemas sociais 362.50981

Maria Alice Ferreira - Bibliotecária - CRB-8/7964

Impresso no Brasil
2021

Dedico esta obra a Santa Dulce dos Pobres.

**Agradeço à Luciana Félix
pela escrita do texto deste livro.**

Apresentação da Série

Crítica Ancestral

A série ***Leituras Críticas Importam*** nasce ambiciosa e orgulhosa, ao mesmo tempo. A ambição perpassa a perspectiva de nossas autoras e autores, que assumiram a tarefa de contribuir no debate público brasileiro com temas de fôlego, enquanto o orgulho vem da unificação do novo com a ancestralidade que acompanha cada linha depositada nestas páginas.

As diversas obras que compõem este projeto foram pensadas para que possamos compreender como as ancestralidades construíram e fortificaram um novo pano de fundo que defendemos. O objetivo aqui, seja explícito ou não, é criar uma série em que o criticismo filosófico fosse capaz de alçar novos voos, assumir outras cores, raças, gêneros, identidades e formas que não apenas as falas tradicionais da filosofia eurocêntrica.

Leituras Críticas Importam consiste na dimensão de que a luta por questões estruturais, fundantes, elementares são necessárias e constantes. A série aponta para o direcionamento de que a ancestralidade é mais que uma definição: é um compromisso com as gerações anteriores e com uma tradição que jamais pode ser apagada. Nos textos que conformam esta obra ambiciosa, as ancestralidades não podem ser vistas apenas como uma forma de expressar e legitimar dimensões singulares e simples, mas sim, de compreendermos as questões convergentes e divergentes nessas trajetórias, tão necessárias para uma construção democrática, plural e crítica.

A convergência está no núcleo de nossos livros, que buscam reconhecer a existência de uma estrutura construída a partir de racismos contra indígenas, negros, povos e comunidades tradicionais, de discriminações contra as pessoas em situação de rua, pessoas com deficiência, pessoas LGBTQIA+, imigrantes e refugiadas. Está no reconhecimento das formas pelas quais o patriarcalismo é tensionado pelos feminismos; ou na constatação dos privilégios daqueles beneficiados por essa construção social em todas as instâncias dessa sociedade, inclusive no ambiente de trabalho. Na divergência, a necessária compreensão das multifaces que constroem uma dimensão imagética encantadora, brilhante, genial, rica e em caminhos abertos à crítica.

É na ancestralidade, não eurocêntrica, de aprendermos com aqueles que nos antecederam para decolonizarmos os corpos que foram sistematicamente excluídos, que podemos tensionar e criticar uma sociedade que se declara pró-democrática ao mesmo tempo em que, ao se omitir de maneira contumaz das "Leituras Críticas", é verdadeiramente demagógica. Uma sociedade que precisa ser antirracista, antipreconceituosa e, entre tantas coisas, comprometida com a superação de privilégios.

Cada palavra selecionada nos volumes foi escrita por mãos plurais que se desacorrentaram das dimensões individuais, sem abandonar suas individualidades e subjetividades e, com isso, a série é um convite aos leitores para que tragam suas críticas e reflexões, visando ao constante aprimoramento para um horizonte melhor no amanhã.

Alvaro de Azevedo Gonzaga
Em coconstrução com as autoras e os autores
da série *Leituras Críticas Importam*.

Prefácio

Havia uma pedra no meio do caminho, na verdade, muitas. E havia alguém capaz de marretar a injustiça e confrontar o *apartheid* urbano de quem segue indiferente aos pobres.

Há um padre que se faz caminheiro, com vestes simples e olhar sereno, que se dispõe diariamente a quebrar os preconceitos e enfrentar os ódios e as armas ideológicas da morte. Ele é um paulistano que faz sua biografia fundir-se à de vulneráveis, refugiados urbanos como que desvelando seu Coração-de-leão. Esse homem assemelha-se ao apóstolo Pedro, o pescador companheiro de Jesus, chamado em aramaico *Kepha*, que se traduz por gruta de acolhida. Júlio é essa pessoa-uterina, que acolhe, tal qual Pedro ou Jesus, aqueles que estão sem rumo, sem pão e sem afetos.

Padre Júlio, vigário episcopal e doutor Honoris Causa, agora nos oferta um livro da solidariedade ativa, claro, direto e profético. Júlio Renato Lancelotti abre o seu coração apresentando aos cidadãos da metrópole e do mundo as razões de sua esperança. Padre Júlio descreve sua fé rebelde e revolucionária. Ele crê em cada pessoa, sem discriminar ninguém. Vive o que fala e fala o que vive. Enfim, em Júlio temos um cristão coerente (hoje, raríssimos!). Vê nos irmãos e irmãs de rua o próprio Jesus. Sabe-se convocado para a fraternidade universal. O povo na rua tem nele um irmão, um amigo, um companheiro, um advogado, um padre, um terapeuta, um educador e um aprendiz.

Veremos transcritas nas páginas deste livro um novo dicionário, onde verbetes tais como descarte, violência, liberdade, emancipação, olhar, memória, justiça, paz, compaixão, verdade e, sobretudo amor, ganham carnalidade e transfiguração. No livro não há lugar para palavras ocas.

Lutar, resistir e insistir é um mantra para sair da inércia e do comodismo. Das pequeninas paredes da Igreja de São Miguel Arcanjo, em todo santo dia, soa a pequena sineta, suave e firme, às 7 horas da manhã, convocando quem passa pela Mooca, a celebrar, festejar, partilhar, sair pelas ruas e ouvir a voz dos pobres que são amplificadas por um padre que clama por justiça e paz. Serão felizes os/as que têm ouvidos para ouvir e olhos para ver. Os pobres invisíveis, o padre profeta e o Deus que se fez irmão.

Boa leitura a todos e todas, confiando que o excesso humano possa abrir os portais do Paraíso. Em lugar de pedras, flores e jardins.

Agradeço à Editora Matrioska por esta belezura!

Grato, irmão, amigo e companheiro fiel. Nós te queremos muito bem! Cuide-se e nos ensine a sermos cuidadores. Não só uns com os outros, mas, sobretudo, uns pelos outros e outras.

Prof. Dr. Fernando Altemeyer Junior, PUC-SP
Na festa de Santa Marina, a padroeira dos LGBTQIA+

Sumário

CAPÍTULO 1
Marretadas nas pedras da injustiça social — 1

CAPÍTULO 2
Lógica do descarte do sistema neoliberal — 19
- 2.1. Crise humanitária em São Paulo — 25
- 2.2. Violência institucionalizada — 30
- 2.3. Ataques e ameaças: o poder do amor e do perdão — 34

CAPÍTULO 3
Nem anjos, nem demônios. Quem são os moradores de rua da cidade de São Paulo? — 45
- 3.1. Censo: números oficiais versus realidade — 47
- 3.2. Motivos que levam as pessoas para as ruas — 52

CAPÍTULO 4
Mentiras sobre o povo da rua — 55
- 4.1. Morar na rua é atrativo! — 56
- 4.2. A população de rua não gosta dos abrigos municipais — 59
- 4.3. Não dou dinheiro porque eles vão beber ou comprar drogas — 63

CAPÍTULO 5
O Espírito Santo na luta pelos marginalizados — 67
- 5.1. Leituras da vida e do olhar do povo sofrido — 78

CAPÍTULO 6
Flores no lugar de pedras: uma trajetória incansável em busca de respostas emancipatórias para o povo da rua — 85
- 6.1. Casa Vida I e II — 91
- 6.2. O exemplo e o legado de dois Paulos — 93
  - *6.2.1. Paulo Freire* — *93*
  - *6.2.2. Dom Paulo Evaristo Arns* — *94*
- 6.3. Política Nacional para a População em Situação de Rua — 100
- 6.4. Reconhecimento do Papa Francisco — 102
- 6.5. Ode a Dom Pedro Casaldáliga — 103
- 6.6. Afinal, o que querem os moradores de rua? — 104
- 6.7. Vacina para o nosso povo! — 111

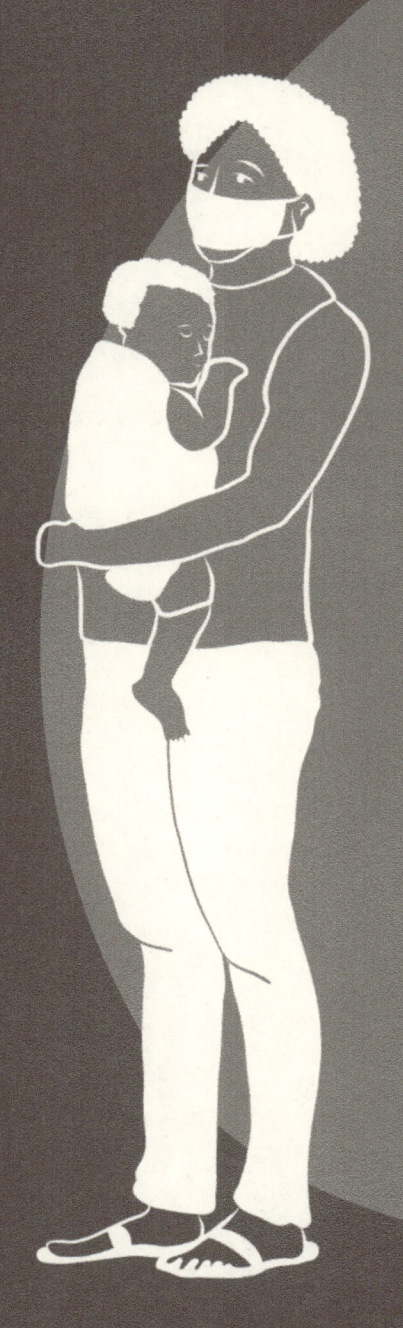

CAPÍTULO 1

Marretadas nas pedras da injustiça social

> "Deus não está acima de todos.
> Ele está no meio de nós."

Em fevereiro de 2021, mais precisamente no dia 02, em um ato simbólico, ajudei a arrancar a marretadas algumas pedras da estrutura de concreto instalada embaixo do viaduto Antônio de Paiva Monteiro na Avenida Salim Farah Maluf na zona leste de São Paulo. A obra foi feita pela prefeitura (embora tenham alegado desconhecimento e exonerado o responsável) para impedir que a população em situação de rua ali se abrigasse. As pedras, desniveladas e pontiagudas, foram presas ao chão dos dois lados da pista por uma espessa camada de cimento, impedindo qualquer pessoa de se deitar. A visão daquele viaduto cheio de pedras é tão incômoda que me lembra prisões. Uma estrutura violenta e agressiva, que agride só de olhar.

Impossível ficar inerte à situação. Essa ação é uma forma de expressar a minha indignação diante de um estado opressor e representa as marretadas nas pedras da injustiça social, de uma arquitetura higienista e do genocídio da população de rua. Minha luta é um ato de resistência, mas não posso negar: um mundo assim, cansa.

Além do sofrimento social, as pessoas em situação de rua têm que sobreviver ao poder público. Minha denúncia silenciosa, mas contundente, por meio das marretadas, repercutiu de tal forma que ajudou na remoção das pedras, pondo fim a uma obra insana, desumana.

Eu peguei a marreta emprestada de um dos rapazes que estavam fazendo o serviço e arranquei algumas pedras. A prefeitura, por sua vez, as removeu em sua totalidade, mas não foi divulgado quanto foi gasto para sua instalação e posterior remoção. Sob meu ponto de vista, essa é uma prova cabal de improbidade administrativa. Qual foi o custo para instalar essas pedras, esse concreto? E depois todo o custo para mobilizar pessoas e recursos para desfazê-lo? Essa política higienista e excludente não é nova na cidade. E, infelizmente, além de primeira, não será a última. Diversos prefeitos passaram por episódios do tipo. José Serra em 2005 e Gilberto Kassab em 2010 criaram estruturas chamadas rampas "antimendigos". Em 2014, na administração Fernando Haddad, foram colocados paralelepípedos próximos a pilastras do metrô da zona norte de São Paulo, local onde essa população de rua costumava dormir. E em julho de 2017, depois da capital paulista ter registrado a madrugada mais fria do ano, equipes da gestão João Dória lavaram a Praça da Sé com jatos de água, molhando as pessoas em situação de rua, seus cobertores e pertences. Esses são apenas alguns exemplos de como as autoridades preferem lidar com essa população, como se a solução do problema fosse mudar essas pessoas de lugar. Uma sociedade que prefere não os enxergar, porque, não os vendo, acreditam que o problema não existe. Mas eles são invisíveis até determinado ponto, enquanto são dóceis, não tentam entrar num shopping, restaurante ou não dormem na porta de um estabelecimento.

A nossa relação com os prefeitos envolve muita reivindicação e, a depender da época e do seu posicionamento político partidário, pode ter um agravamento ou uma melhora. A questão é que a cultura burocrática permanece, é difícil mudar os grupos intermediários. Muita gente diz, "a GCM está cumprindo a sua obrigação". Mas é uma obrigação devotamente cumprida, especialmente quando é para bater nos moradores de rua.

As estruturas políticas não são monolíticas, mas repletas de contradições. Estamos arrastando questões de muitos anos porque embora a campanha da fraternidade de 2019 tenha sido sobre políticas públicas, muitas vezes o conceito

é dar aos pobres o que sobrou. E isso não depende somente de quem coordena, mas de quem executa, que não acolhe.

O nível de descarte é tão grave, que o partido e a visão política do prefeito de uma cidade como São Paulo não se refletem em grandes mudanças para a vida dessa população vulnerada. No que é fundamental, a situação permanece a mesma. O poder limita muito quem está no cargo, mas quando quem está no poder tem uma visão pérfida, sem dúvida, a realidade piora.

Estou na Paróquia São Miguel Arcanjo há 36 anos, completos em abril deste ano de 2021, desde quando fui ordenado padre por Dom Luciano Mendes de Almeida. Dois motivos explicam essa longa permanência: ninguém quer assumi-la e ninguém me quer em outra paróquia. Eles pensam: se o padre vier, ele trará os "maloqueiros" atrás.

Mesmo com o início da pandemia e dos decretos que previam a necessidade e urgência do isolamento social eu não interrompi a nossa luta e as minhas atividades diárias. Celebro a missa das 7h e na sequência, com a ajuda dos voluntários, carregamos os carrinhos de supermercados que temos para transporte dos alimentos para o café da manhã e seguimos caminhando para o centro de convivência São Martinho de Lima, onde todos os dias oferecemos essa primeira alimentação para cerca de 500 pessoas. Nesse caminho, de aproximadamente 10 minutos de caminhada, encontro muitas pessoas com quem partilho o pão e muitas vezes sou insultado pelos carros que por ali transitam simplesmente porque estou ao lado dos mais pobres, dos indefensáveis, daqueles que são prejudicados.

Então, como, nesse momento em que vivemos uma profunda crise sanitária e humanitária, eu poderia ficar em casa sabendo das consequências nefastas dessa nova realidade na vida de quem não tem onde morar?

LEITURAS CRÍTICAS IMPORTAM

Antes da pandemia, passava pelo centro de convivência São Martinho de Lima uma média de 4 mil pessoas pela primeira vez por mês. Na pandemia esse número dobrou. Agora, cerca de 8 mil pessoas são atendidas pela primeira vez todos os meses.

Faço sempre questão de afirmar que não trabalho com a população em situação de rua. Eu **convivo** com essas pessoas. Conheço os moradores da região pelo nome, eles são meus amigos, conheço suas histórias. E não porque fico fazendo a ficha com os dados completos de cada um deles. Minha relação é pelo olhar. Na pandemia, o que comecei a fazer foi um diário onde registro fotos e relatos dessa convivência, sempre com a seguinte frase "eu vi Jesus", o Jesus que está em cada um desses irmãos, de acordo com as palavras do Evangelho: "Em verdade eu vos digo, que todas as vezes que fizestes isso a um dos menores de meus irmãos, foi a mim que o fizestes!" (Mateus, 25:40)

Quando o Filho do Homem vier em sua glória, acompanhado de todos os anjos, então se assentará em seu trono glorioso.

Todos os povos da terra serão reunidos diante dele, e ele separará uns dos outros, assim como o pastor separa as ovelhas dos cabritos.

E colocará as ovelhas à sua direita e os cabritos à sua esquerda.

Então o Rei dirá aos que estiverem à sua direita: 'Vinde benditos de meu Pai! Recebei como herança o Reino que meu Pai vos preparou desde a criação do mundo!

Pois eu estava com fome e me destes de comer; eu estava com sede e me destes de beber; eu era estrangeiro e me recebestes em casa;

eu estava nu e me vestistes; eu estava doente e cuidastes de mim; eu estava na prisão e fostes me visitar'.

Então os justos lhe perguntarão: 'Senhor, quando foi que te vimos com fome e te demos de comer? Com sede e te demos de beber?

Quando foi que te vimos como estrangeiro e te recebemos em casa, e sem roupa e te vestimos?

Quando foi que te vimos doente ou preso, e fomos te visitar?'

Então o Rei lhes responderá: 'Em verdade eu vos digo, que todas as vezes que fizestes isso a um dos menores de meus irmãos, foi a mim que o fizestes!'
(Mateus 25: 31-40)

Por conviver com os irmãos de rua, procuro quebrar a incomunicabilidade e externar que eles são importantes para mim para qualificar, humanizar, dar um pouco de conforto e coragem na vida. E essa demonstração de afeto não exige grandes feitos, basta chamá-los pelo nome, perguntar-lhes se estão bem. Eles sorriem quando ganham um desodorante, olham com admiração, porque isso externa cuidado, eles recebem a mensagem de que são importantes.

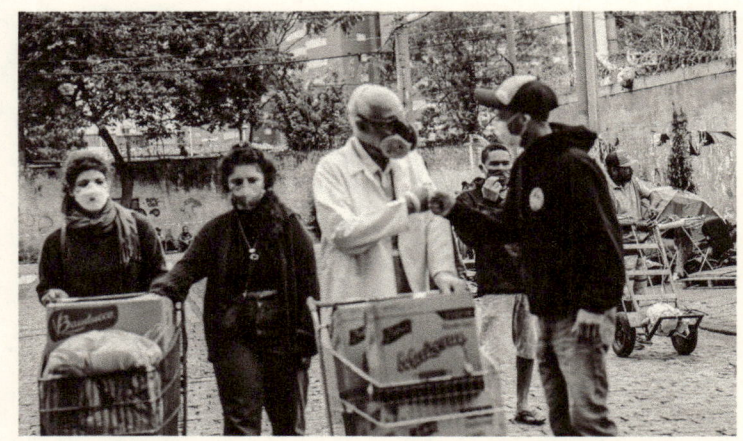
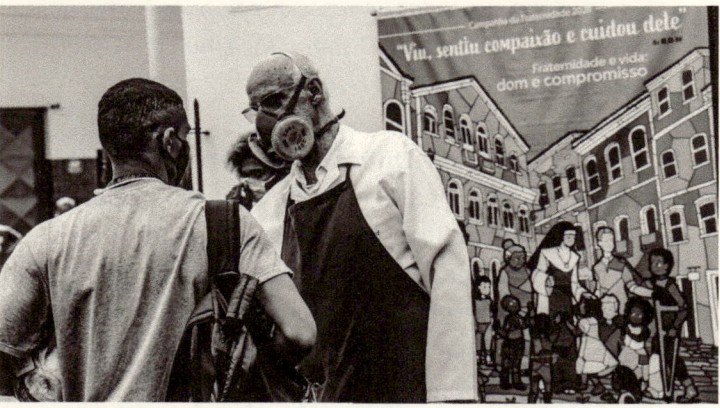
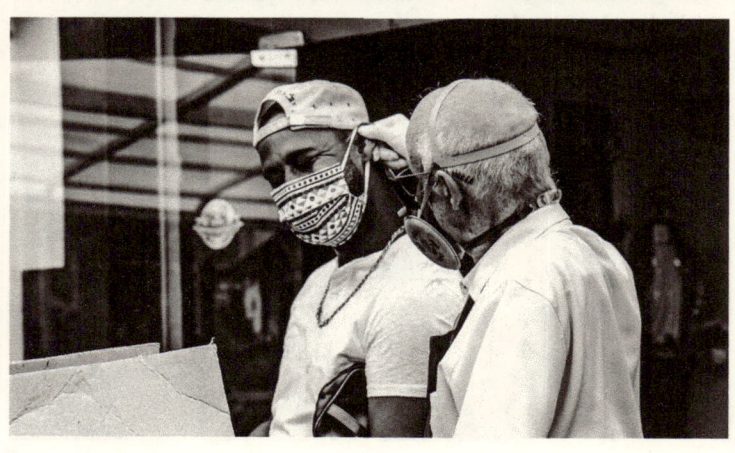

TINHA UMA PEDRA NO MEIO DO CAMINHO

Essa convivência me traz conhecimento, afeto, indignação, solidariedade, conflito, tudo que existe em qualquer convivência, para que se possa através disso estabelecer canais de comunicação com os poderes Legislativo, Executivo e Judiciário, tentando mostrar-lhes quem são essas pessoas, que eles não são coisas, não são apenas estatísticas. Fico muito incomodado quando ouço "tem vaga". Vaga é reservada para carro, para objeto. Esses homens, mulheres e crianças precisam ter um espaço, um lugar, autonomia. Não podemos tutelar a população de rua como se fossem incapazes.

Um de meus filmes prediletos, que já assisti inúmeras vezes e sempre que vejo me emociono, é o *Auto da Compadecida*, pela misericórdia, bondade e amor da Compadecida e por Jesus ser negro, uma imagem que nos desafia.

A Compadecida diz que a malandragem é a arma do pobre. Eles têm que ter ginga e manejo para sobreviver. Quem dá mais trabalho para eles somos nós. Eles têm que ficar descobrindo o que queremos ouvir, o que nos agrada, que história vão nos contar para conseguirem dinheiro e comida. Essa forma de viver desumaniza. E quando ficamos desumanizados perdemos os padrões éticos.

Quem superfaturou o preço de respiradores na pandemia, quem adulterou álcool em gel, quem desviou verbas públicas não foi nenhum morador de rua. Mas se um deles pegar 10 reais (não concordo nem apoio essa atitude) a polícia age com truculência e a justiça o condena sem nenhum respeito ao princípio da proporcionalidade. Somos uma sociedade agressiva e hipócrita e a população de rua percebe essa forma de pensar e agir.

É fundamental reforçar que convivemos somente com quem queremos bem. Eu não precisaria conviver com eles se eu não quisesse, não precisaria ter enfrentado a polícia,

o rapa, a tropa de choque. Essas pessoas são indefesas e tratadas com crueldade, negligência. A sociedade faz tudo o que pode para inviabilizá-los.

O primeiro passo político para abrir uma possibilidade de mudança é o afeto.

O segundo passo da política econômica é a partilha. Quem tem boca tem direito de comer. E ponto. Isso é indiscutível. Essa população desassistida, que se configura talvez o nível mais dramático da exclusão social, possui as mesmas necessidades de todos, e não só de água e comida, eles também precisam de carinho e de afeto.

Tantos religiosos que administram os sacramentos da igreja, que falam de Jesus, que citam trechos do Evangelho, na hora de falar de população de rua não revelam nenhuma compaixão, misericórdia, nenhum exercício amoroso de compreensão do outro como irmãos, como seres humanos.

A luta de estar junto com essa população é uma luta política, pedagógica, de humanização, de enfrentamento. A sociedade até considera importantes muitas das ações que realizamos, mas não quer estar perto, não quer passar pelo incômodo de enxergar essa população pelas ruas da cidade. É adepta da estética do higienismo, da estética de uma cidade pasteurizada. E a nossa cidade é marcada pelo conflito e pelos contrastes.

Já encontrei um médico italiano morando na rua, na região da cracolândia. Nos alojamentos de rua, conheci um enfermeiro que depois de um tempo começou a trabalhar e ao receber o primeiro salário pôde alugar um espaço para morar. Convivo com a comunidade LGBTQIA+, com muitas mulheres *trans*, muitos travestis, muitos grupos que vivem nas ruas.

Eles não são anjos nem demônios, são pessoas. Pessoas que perderam tudo. Pessoas que não têm nada. **Pessoas** que ficam encantadas quando recebem um sabonete, uma cueca nova, uma calcinha nova; travestis e mulheres *trans* que se sentem consideradas e respeitadas por não serem impedidas ou julgadas por terem e usarem roupas e adereços femininos de sua preferência.

A grande questão dessa convivência é humanizar. Conviver com os moradores de rua me humaniza e mutuamente nos humanizamos. Aprendi com a Pastoral do Povo da Rua, com Dom Paulo Evaristo Arns, a ser igreja **com** eles e não **para** eles. Orar **com** eles e não **por** eles.

E assim como qualquer convivência há conflitos, há momentos difíceis. Há dias em que estou mais nervoso, mais cansado e eles percebem. Há dias em que eles também estão mais tristes, mais ansiosos.

Sempre convivi com essa população, mas fui fazendo uma opção de vida de sempre estar ao lado dos fracos, dos que perdem. É um caminho sem volta. Nesse momento de pandemia muitos me dizem para ficar em casa, para acompanhar de longe, mas não seria eu. Eles alimentam em mim a minha identidade, aquilo que tenho que ser. Eles não me cansam. Eles me desafiam. Eu não me reconheceria se não estivesse perto desses irmãos, sem olhar para eles com carinho e receber esse mesmo carinho de volta. E reconhecê-los em sua subjetividade, chamá-los pelo nome, por aquilo que eles têm de mais singular e batalhar para conseguir doações de roupas novas, moletons, cuecas, calcinhas, meias, itens de higiene. Quando eles recebem roupas que nunca foram usadas, a primeira coisa que fazem é cheirá-las. "Essa é minha, vai ter o meu cheiro".

Na fase mais crítica de restrições da pandemia, eu abria a igreja sem saber o que dizer. Não havia ninguém na rua além deles e havia muita incerteza. Eu os encontrava e fui aprendendo a ler seus olhos. Nesse momento tão crítico, tratá-los com dignidade e respeito era ainda mais fundamental.

Estou há 36 anos convivendo com essa população e há 31 começamos esse trabalho de partilhar comida com os irmãos de rua. No início éramos apenas três pessoas, eu, uma irmã e um outro voluntário. Nós que cozinhávamos e servíamos o alimento para centenas de pessoas.

Com a pandemia, tivemos que mudar a forma de convivência. Ao chegarem já são higienizados, passam álcool em gel nas mãos e damos máscaras para aqueles que não as têm. Muitos motoristas passavam e me xingavam, me chamavam de "comunista", "padre que passa a mão na cabeça de vagabundo", "é tudo bandido". Agora, muitas pessoas, quando veem aquela multidão, buzinam saudando, entregam dinheiro e fazem doações.

Mas o mais bonito é o que o povo da rua me diz: "padre, você não desistiu de nós, você continuou firme aqui com a gente". Eles veem que eu sou velho, que é difícil. Às vezes eles me falam, "você está cansado", "precisa descansar", "você está bem?"

A pandemia atinge a população de rua de diversas maneiras. Quando a pandemia começou, eles achavam curioso que antes, se andassem mascarados, eram presos. Agora, o uso da máscara é obrigatório para todos. Onde eles não podiam entrar, como restaurantes, cinema, shoppings, de uma hora para outra ninguém podia. Isso causou um grande impacto. Somente eles na rua e todos os lugares fechados. A proibição para eles não era novidade, mas naquele momento era para todos.

O sofrimento mental foi exacerbado, porque todos os estabelecimentos comerciais estavam fechados e a população de rua não tem como estocar nada. Acreditou-se que eles disseminariam a covid-19 pela cidade. E eles foram muito maltratados pela polícia e não havia ninguém para ver o que estava acontecendo. Acostumados com esses inimigos visíveis, a truculência da Polícia Militar, da Guarda Civil Metropolitana, da zeladoria urbana, da cultura hostil, as pessoas em situação de rua, assim como todos nós, tiveram que aprender a lidar com um inimigo invisível.

Contudo, o índice de contaminação pela covid-19 na população de rua foi menor do que se pensava. Há pesquisadores estudando se seria pelo fato de viverem ao ar livre, à exposição ao sol e suficiência de vitamina D pela impossibilidade de confinamento ou se essa situação aciona algum aspecto de imunidade ainda não descoberto. De toda forma, não sabemos como serão com as novas variantes.

No início, havia a ameaça dessas pessoas serem dizimadas ou intensificarem a disseminação e o número de casos graves e óbitos. Embora essa hipótese não tenha se confirmado, os efeitos econômicos e sociais são devastadores.

Em uma primeira etapa, conseguimos que os moradores de rua maiores de 60 anos fossem vacinados no centro de convivência São Martinho de Lima e os maiores de 18 anos que vivem em albergues, porque são espaços que acomodam dezenas e até centenas de pessoas com nenhum distanciamento. Em junho de 2021, o prefeito de São Paulo esteve no centro de convivência para anunciar o início da imunização de toda a população em situação de rua acima de 18 anos.

Mas nesse momento, a grande dificuldade dessa população ainda é o acesso à água potável, à higiene pessoal, a necessidades básicas. Constantemente, eu peço e sugiro a universidades, a empresas e sindicatos que sejam instalados bebedouros e pias, respeitando-se o projeto arquitetônico, para que os catadores e moradores de rua possam lavar suas mãos, bebê-la, se higienizar, a exemplo do que existe no Sindicato dos Metalúrgicos em São Bernardo, na Escola do Sindicato em Diadema, na rua Tabatinguera (no centro), na quadra dos bancários, na Casa de Oração dos Moradores de Rua, na paróquia São Miguel Arcanjo, sob minha responsabilidade. Isso vai resolver o problema? Claro que não! Mas é um gesto simbólico, é um gesto que humaniza a cidade.

Durante essa pandemia tenho pensado muito no que chamo de pedagogia do olhar, porque o contato olho no olho se fortaleceu com o uso de máscaras. Tenho aprendido a me alfabetizar no olhar deles, tentar ler o que os olhos

deles estão dizendo, a dor e a esperança, a lágrima e o sorriso, o abandono, a incompreensão, as tantas frustrações, a angústia, o sofrimento mental que atinge a todos nessa pandemia, mas especialmente aqueles que têm que dormir na calçada, que ficam desabrigados na chuva e no frio, que não têm um banheiro para usar ou um chuveiro para tomar banho com dignidade, que não têm água para beber ou um pão para comer.

Dias depois da remoção das pedras embaixo do viaduto, promovemos um novo ato, ocupando aquele espaço, antes tomado por pedras da exclusão, agora por flores, que para nós representam uma primavera de humanização e uma resposta mais amorosa a essa barbárie, a essa lógica irracional que descarta as pessoas como se fossem coisas.

Precisamos ter propostas exequíveis, viáveis e possíveis, e uma delas é simples, pequenina, garantir o acesso à água potável é um direito humano fundamental.

Se um alienígena chegar de outro planeta e vir a quantidade de igrejas na cidade de São Paulo vai pensar: "nossa, essa cidade deve ser um amor, compassiva, misericordiosa, ninguém deve passar fome nessa cidade, esse povo é muito religioso". Nunca se teve tanta igreja na cidade, mas isso significa que a cidade é mais humana? Claro que não. É uma cidade intolerante, elitizada, cruel com a população de rua, com as crianças que estão pelas ruas, cruel na questão de gênero, cheia de *apartheid*. É uma cidade repleta de bondade também, é claro, mas que está isolada.

Tenho dúvidas se o Brasil é um país católico em essência, porque você pode ser católico, evangélico, e não ser um seguidor de Jesus. O Papa Francisco é um seguidor de Jesus. Se olhar o Evangelho, os próprios discípulos não entendiam Jesus. Tanto que quando foi preso, eles fugiram.

A cidade de São Paulo nunca teve tantas igrejas como tem hoje. Do Largo da Concórdia até a rua Belém, na avenida Celso Garcia passando pela Rangel Pestana, são dezenas de igrejas naquela avenida chamada de "corredor da fé". As duas católicas mais antigas são a Bom Jesus do Brás, em frente à rua Piratininga, e a São João Batista, que tem mais de 100 anos, e depois na rua Belém, no final, temos a igreja São José.

Apesar de tantas igrejas, a quantidade está incompatível com a qualidade. A igreja se distanciou sobremaneira do Evangelho. Se Jesus vier dormir na praça, vão dar um jato d'água nele, vão chamar a PM, ele vai levar cassetete nas costas e bomba de gás da GCM.

Eu presenciei padres defendendo propostas controversas e perguntei em uma reunião de párocos: "quem leu a mensagem do Papa para o dia do pobre?" O Papa Francisco, com a autoridade que lhe cabe, mudou o catecismo da igreja. A pena de morte no catecismo é inadmissível em qualquer circunstância. E ponto! E há padres que defendem a pena de morte, o porte de armas. Eles não estão seguindo o que orienta o Papa, o Evangelho, o fundamental do cristianismo, que são os passos de Jesus de Nazaré.

CAPÍTULO 2

Lógica do descarte do sistema neoliberal

"A solidariedade não é uma dimensão religiosa, é uma dimensão humana."

Em sua exortação apostólica *Evangelii Gaudium*, Papa Francisco coloca que os descartados fazem parte da lógica desse sistema. O neoliberalismo não funciona sem descarte. E a população em situação de rua é totalmente descartada, e de uma maneira tão cruel e violenta, que quando usamos o termo "excluídos", o poder público consegue reverter para políticas de inclusão. Quando usamos o termo "descartável", ainda não inventaram uma política de reencarte.

Acredito, sinceramente, que será um processo longo e difícil, porque não se muda o resultado dessa lógica sem mudar o sistema socioeconômico e político, que é introjetado, interiorizado e cultural. A população de rua causa uma repulsa porque a vida deles é toda pública, todos veem o que eles fazem. E a questão da invisibilidade é oscilante. Quando entram na igreja ou no shopping rapidamente são vistos. E eles se tornam visíveis porque "incomodam".

Trinta e seis anos depois da minha ordenação como padre, enfrento o mesmo desafio: como você volta para um sistema que te descartou? O que você faz com um copo, máscara, prato ou fralda descartável? É uma população que está extremamente destruída.

O neoliberalismo e o consumismo não são apenas uma questão econômica, mas cultural. Após os primeiros sete meses de pandemia e restrições de convivência e, consequentemente, de consumismo exacerbado, as pessoas perderam o medo e voltaram a se aglomerar. Mesmo com a aceleração do empobrecimento, as pessoas querem comprar. E vemos o fenômeno do aumento de jovens pobres entregadores que ficavam doze horas pedalando e dormiam na calçada sem comer. A construção civil também não parou e os operários do setor continuaram trabalhando.

Durante o período de medidas restritivas havia muita informação conflitiva. Se prefeitos e governadores, em geral, diziam uma coisa, o presidente da República dizia outra. E essas mensagens desencontradas causam grandes problemas. Parte da população confia na boa-fé do presidente e acredita que ele, como autoridade máxima, tenha acesso a informações privilegiadas e por isso é digno de credibilidade, já que em tese sabe do que está falando e jamais colocaria a sua população em risco. Mas os fatos provaram o contrário. Ele não age baseado em fidelidade de conhecimento, mas em convicções pessoais. Pudemos acompanhar a questão da ideologização da vacina por ser chinesa e o quanto isso tem sido desastroso no número de mortes e na cobertura vacinal. Comportamento que o número crescente de mortes causadas pela covid-19 revela ser, no mínimo, perigoso e negligente, para não dizer genocida.

Toda essa realidade demonstra (para quem estuda a gênese do pensamento segundo Piaget) que o brasileiro no geral está ainda na segunda fase do pensamento, que é o simbólico-intuitivo. Isso explica por que os debates sobre política são tão rasos: se você está de vermelho ou é um crítico do governo federal, é comunista; meninos vestem azul e meninas vestem cor de rosa; esquerda é golpismo.

O pensamento se desenvolveu de maneira que não é operativa, não é um pensamento complexo, mas infantilizado. O pensamento infantil é rico na infância. Mas o pensamento infantilizado no adulto é danoso e gerador de brigas sem fundamento. Chegamos ao ponto de ouvir a seguinte fala: "que bom que a pessoa que tomou a vacina morreu... está vendo! Eu tinha razão!" Quando, na verdade, nesse caso específico o que aconteceu foi um suicídio e a família não queria divulgar. Não importa de onde a vacina venha, o que importa é que seja eficaz.

Todas essas discussões, conceitos e contradições chegam à população de rua.

Vivemos em um mundo de muitas bolhas. E quem está em uma bolha não tange com a outra bolha, não há pontos de intersecção.

Para reduzir a desigualdade não é necessário criar políticas inéditas, mas implementar propostas existentes em alguns municípios e aprová-las nacionalmente, como a renda mínima municipal, com critérios, privilegiando mulheres com crianças, pessoas com deficiência, idosos.

Lutamos para que o auxílio emergencial de R$ 600 não fosse reduzido e a resposta era que financeiramente o país não aguentaria pagar. É claro que aguenta, mas para isso é necessário reduzir os privilégios. Por que um desembargador precisa receber R$ 500 mil, R$ 600 mil? Por que políticos precisam de tantos adicionais? Por que o Congresso custa tão caro?

Santo Tomás de Aquino, muito invocado pelos conservadores, doutor angélico, que é expoente da escolástica, diz que nos tempos de penúria todos os bens se tornam comuns.

Abrir mão de privilégios é muito difícil, mas deveríamos ter essa grandeza humana. Dessa forma, quem come dois pode comer um, para que quem não come nenhum também possa comer um.

Tenho pensado muito na questão da desumanização da população em situação de rua e o quanto essa realidade é muitas vezes irreversível. A lesão causada é muito profunda, a opressão desumaniza o opressor e o oprimido. Ambos acabam perdendo nessa situação. Por isso, insisto que as saídas e alternativas devem ser construídas junto e de forma pedagógica com essa população. Não posso obrigar ninguém a sair da rua, mas posso ser presença com ele para que encontre e construa um caminho que nem sempre é viável para todos, mas que pode ser possível e emancipatório para muitos.

Em certa ocasião, estive com a Promotora do Trabalho para conversar sobre algumas atividades que a população de rua exerce, na reciclagem e em várias outras prestações de serviços. Na época, ela analisava o inquérito instaurado para investigar a instalação dos banheiros químicos, tendo como mão de obra moradores de rua, no carnaval de 2019. Quem monta a estrutura dura (containers, estrutura metálica) de grandes eventos como Lollapalooza, Fórmula 1, todos os shows e eventos em estádios, Virada Cultural, inclusive obras públicas em um trabalho extremamente explorado e que não é nem terceirizado, é quarteirizado, são as pessoas em situação de rua. Não se questiona aqui a oportunidade de trabalho, que é muito importante e necessária, mas as péssimas condições em que é exercido.

São pagos valores muito baixos, sem nenhuma proteção contra acidentes, em ambientes insalubres e sem nenhuma garantia trabalhista.

E pergunto se eles viram a Kate Perry tocar, o Andrea Bocelli cantar ou se viram Hamilton correr...

A exploração é intensa nesse nosso sistema no mundo do trabalho, por isso insistimos em respostas que passem pela autonomia, para que a pessoa que está em situação de rua construa seu caminho de superação. Não existe resposta única ou mágica, existem possibilidades.

Assim sendo, não podemos pegar nenhuma possibilidade e torná-la um dogma. A possiblidade está dentro de um arranjo pessoal muito específico daquela situação. Por exemplo: temos um jovem que conheci em situação de rua, convivi com ele em determinado período e hoje ele é médico em sua cidade natal e se formou em Havana, Cuba. Lá, ninguém acreditava que ele tinha sido morador de rua. Ele fez o curso pela cota racial de grupos que atuam fortemente para garantir o estudo universitário de pessoas da comunidade negra. Ele foi com bolsa para Havana e aqui mantivemos uma estrutura para ajudá-lo a permanecer em Cuba até a conclusão do curso. Assim como outros jovens e pessoas em situação de rua que hoje são enfermeiros, fisioterapeutas, psicólogos, e uma mulher *trans* que, dentro do consultório de rua, formou-se assistente social.

Essas saídas foram viáveis para algumas pessoas, mas não são uma regra para todos. Numa audiência com o prefeito de São Paulo à época, levamos essa mulher *trans* que foi expulsa de sua cidade em um estado da região Norte e do seu grupo familiar por transfobia, estava em situação de prostituição, e hoje é uma assistente social que trabalha no consultório de rua.

2.1. Crise humanitária em São Paulo

Essa crise humanitária atinge os quilombolas, as culturas ancestrais, os povos indígenas, os ribeirinhos, os desempregados, os encarcerados, uma grande quantidade de pessoas que está pelas ruas. Se olhar a Praça Princesa Isabel, parece um acampamento de refugiados.

Na rua Riachuelo encontramos uma fila infinita de pessoas em busca de alimentos e não só moradores de rua, mas aposentados e pensionistas que precisam escolher entre dormir sob um teto ou comer. O dinheiro só paga o aluguel e eles precisam buscar alimentos ofertados como doação.

A cultura do descarte priva a pessoa dos seus direitos fundamentais, como o direito sagrado de se alimentar.

Uma vez disse aos moradores de rua, que vão ao refeitório comunitário, que quem tem boca tem direito de comer, que eles não estavam recebendo nenhuma caridade, mas um direito. E um deles perguntou se só tinha o direito de comer e eu respondi, não, tem o direito de sorrir e de beijar também.

O grupo LGBTQIA+ é uma outra parcela que cresce nas estatísticas da população de rua e que necessita de defesa. Recebo muitas mensagens de evangélicos e católicos expulsos da igreja e do grupo familiar por questões relacionadas a sua orientação sexual ou à identidade de gênero.

O sofrimento humano causado pela fome, pela rejeição, pelo preconceito, pelo racismo, pelo machismo é latente e está presente de forma escancarada. E ao lutar contra um, lutamos contra todos. Quem luta contra o racismo luta também contra o machismo, contra a xenofobia, contra a homofobia, contra o extermínio dos sem-terra, dos povos indígenas e de todos os grupos.

As lutas têm suas especificidades, mas também sua convergência, sua interseccionalidade. Não é possível falar de uma luta única, porque são muitas, mas temos que articulá-las todas em uma totalidade.

Não posso lutar contra a homofobia e ser a favor de censura. Não posso lutar contra a censura e contra a homofobia e não defender os povos indígenas. Não posso defender e aderir a todas essas lutas e não lutar contra o racismo e contra o machismo. Seria uma luta truncada.

Precisamos ter muita atenção para não cair em um discurso libertário em um aspecto, e não libertário em outro. Exemplo: as mulheres da região Nordeste do país foram as mais escolhidas para irem ao encontro das comunidades eclesiais de base, mas os seus maridos, homens da "liderança", ativos, presentes e engajados na luta sindical e pela terra, revelavam comportamentos extremamente machistas e não concordavam em deixar suas mulheres irem sozinhas para São Paulo para esse encontro.

Como é importante essa pedagogia e essa antropologia que nos faz perceber que o discurso libertário tem que perpassar todas as dimensões, todas as lutas, porque muitas vezes não percebemos.

Durante um tempo, a palavra luta me incomodava muito, eu tinha muita dificuldade de lidar com ela, e hoje não tenho mais, porque vivíamos um pacifismo que na verdade era falso. Aliás, não vivíamos um pacifismo, mas um conformismo. A vida é luta!!!

Como lidar, senão com luta, com a política de extermínio dos povos indígenas por interesses ruralistas ou com a especulação imobiliária em São Paulo, no Rio de Janeiro e outros lugares, que se esconde atrás de ações higienistas e policialescas para justificar interesses que não aparecem tão claramente?

Além disso, todas essas pautas perpassam a questão da classe social. Você acredita que em uma parada gay, uma mulher negra e *trans* moradora de rua tem chances de estar em cima do trio elétrico? O recorte de classe está em todas as dimensões.

Há também mulheres que estão em uma classe social, na qual não há preocupação com a luta ativa por direitos e com a defesa da mulher oprimida. Ou o povo negro e indígena, que está, em grande parte deles, presentes em uma classe social mais baixa, em grupos subalternos.

O marxismo não pode ser negado, além de ser impossível analisar e estudar as ciências sociais sem levar em conta a análise marxista. Não é necessário assumir as categorias e toda a maneira de pensar marxista, mas não se pode desprezá-lo, assim como não se pode hoje desconhecer as questões levantadas pela ciência. Negar a ciência e toda forma de se pensar na diversidade não é o caminho.

Todo mês de maio celebramos na liturgia católica o Pentecostes e a Trindade. No dia da Santíssima Trindade eu digo que Deus não é binário, é trinitário. Se Deus fosse de uma unidade, de uma pessoa só, ele seria autoritário; se fossem dois, seria binário. Mas ele é trinitário, ou seja, aberto à diversidade, à pluralidade, a todas as maneiras, à comunhão de amor!

Leonardo Boff traz o conceito de Trindade como a melhor comunidade, a concepção trinitária, de comunhão amorosa, que extravasa, que se revela, que se comunica. E também a definição da Trindade como o que ama, o amado e o amor, que são o Pai, o Filho e o Espírito Santo. A Santíssima Trindade é comunicação e se expande e transborda de amor para nós e nos ensina a superar o unitário (muitas vezes autoritário) e o binário (que fica numa contraposição) para o trinitário (que é a diversidade). Isso nos ensina muito, a Trindade como possibilidade de união.

A imagem de Deus influencia no nosso modo de agir. Muitas vezes falamos de um Deus Pai masculino, que impõe sua maneira de ser, que é autoritário, que é violento, que é vingativo, e que está acima de tudo. Ou às vezes ficamos somente no Pai e em Jesus, uma abordagem que também soa autoritária. E o ocidente esqueceu durante muito do Espírito. O Espírito é a ação transformada na história.

A menorá, o candelabro judaico com sete braços que significa o Pai, o Filho, o Espírito Santo, a água, o ar, a terra e o fogo, é a união vital da divindade com a natureza, com a vida, com as pessoas. É interessante que no número 7 algumas pessoas também veem os ouvidos, os olhos, as narinas e a boca.

Leonardo Boff fala muito disso, da Trindade como reflexo na nossa vida, que não pode ser uma vida que exclui, que seleciona, que elitiza e que ao elitizar alguns, inevitavelmente descarta outros. Tem que haver uma comunhão, uma Trindade onde circula o amor, a vida para todos e todas, que não exclui ninguém, onde todos são incluídos, o que ama, o amado e o amor. E esse amor que se derrama para todos no segmento desse ensinamento amoroso, compassivo, misericordioso de Jesus, que revela, como o Papa Francisco nos colocou no Ano Santo da Misericórdia, o rosto misericordioso de Deus.

Importante lembrar o significado da palavra misericórdia: coração para os míseros. Temos que ter essa paz inquieta de pensar nos outros. No inverno de uma cidade como São Paulo, muitos irmãos perecem e não consigo dormir sem levar cobertas e agasalhos. Não adianta nos aquecermos se não nos aquecermos uns aos outros.

A bênção que desejo é que ninguém seja autoritário, nem binário, mas que sejam trinitários, sejamos na dimensão do comum, do comunitário, do solidário, a bênção de Deus é a coragem. Esses irmãos que vivem nas ruas são negros e brancos, são indígenas, mulheres *trans*, grupos LGBTQIA+, idosos, mulheres, crianças, pessoas abandonadas que estão na frieza da temperatura, mas também na frieza de uma política que os descarta e desumaniza a vida. Que a Trindade nos ensine e nos inspire a viver trinitariamente, amorosamente, em comunhão e amor.

2.2. Violência institucionalizada

Catorze de setembro de 2018, dia da Exaltação da Santa Cruz e aniversário de Dom Paulo Evaristo Arns, apanhei da tropa de choque da Guarda Civil Metropolitana – GCM. Eles me cuspiram, bateram com escudos, me deram cacetadas, bateram nos moradores de rua e invadiram o centro de convivência São Martinho de Lima.

Eu tinha acabado de celebrar a missa e estava com vários irmãos de rua em um bazar solidário na igreja, onde ninguém paga e todo mundo ajuda, com o objetivo não de dar ou distribuir roupas, mas de conviver com aquelas pessoas, tendo como senha o olhar.

Adriano, um dos moradores de rua da região, chegou com os olhos arregalados dizendo "padre, eles estão muito violentos hoje, estão nos batendo". Tirei os paramentos e tentei ir para lá o mais rápido que podia, apesar das dificuldades para caminhar. E quando cheguei, o "rapa", que é a zeladoria urbana, estava tirando as coisas deles. Embora haja um decreto que normatize essa iniquidade, é um absurdo tirar as coisas de quem não tem nada. Quando cheguei, os guardas da GCM estavam perfilados, com escopetas, com revólver de choque (*taser*) e muitas bombas de gás. Então, me coloquei diante deles perguntando o que estava acontecendo, o que eles estavam fazendo.

Os moradores de rua queriam seus documentos que foram confiscados e já estavam em cima do caminhão. Eu disse que subiria e um dos guardas falou: "você não vai subir, você é um merda, não serve para nada". Foi quando eles me cuspiram, me empurraram e, claro, os irmãos de rua reagiram. Os guardas direcionaram a escopeta em minha direção, me insultaram e me culparam por todo aquele episódio. Com a minha presença, os moradores se sentiram mais fortalecidos e um deles pegou o extintor de incêndio e começou a soltar fumaça.

Ao perceber que a situação poderia ficar mais incontrolável, eu os chamei e os direcionei para o centro de convivência. Quando nós entramos, um dos funcionários fechou a porta e eu disse para não fechar porque tínhamos que recolher os feridos. A GCM tinha chutado muita gente, vários convulsionaram por causa do *taser* e enquanto recolhíamos os mais debilitados, o rapaz com o extintor entrou e se escondeu lá dentro porque queriam pegá-lo.

Quando os guardas chegaram na porta eu pedi para pararem, para não invadirem. Apresentei o coordenador do espaço e deram um jato de gás de pimenta em seu rosto e ele também caiu no chão.

Eles invadiram perfilados, me empurraram com os escudos e entraram para pegar o rapaz que segurava o extintor. E me comoveu muito como eles torturaram esse rapaz. Ele saiu todo torto, sem qualquer chance de se defender, com o cotovelo dos guardas nas costas, e chorava muito e me chamava, mas naquele momento eu não podia fazer nada.

Fiquei acionando os comandos para saber para onde o tinham levado. Não o levaram para a delegacia, mas para o comando da GCM, onde o ameaçaram, fizeram muito terror. Mas de tanto que eu ligava, direcionaram-no para a delegacia e no dia seguinte ele foi liberado. O nosso reencontro foi muito comovente, pelas suas lágrimas e abraço de alívio por ter saído vivo. Uma covardia e uma violência que há muito tempo eu não sentia na pele com tanta força.

Desde então, todos os dias eles ameaçavam os moradores de rua dizendo que a partir de 1º de janeiro de 2019 seria bala na cabeça e que acabariam com eles e com o padre.

A GCM, embora civil, é militarizada. Eles marcham, têm armamento pesado militar, toda uma estrutura e linguagem militaresca. Sou do grupo que defende a desmilitarização da GCM e também da Polícia Militar. Os governantes e candidatos às eleições, em vez de ficarem culpando uns aos outros ou me atacando, deveriam olhar mais seriamente para essa pauta, assim como para a cracolândia.

Essa é uma questão que exige várias medidas de saúde e de urbanização com garantia de moradia para essas pessoas. As drogas chegam por onde se a região é cercada pela

GCM e pela PM? Ela não nasce do ralo ou sai pelo bueiro. Há um mercado muito bem estruturado e conhecido pela polícia e pelo Denarc.

A cracolândia se mantém porque há um interesse de mercado, muita gente ganhando. Ganho que não e só dos traficantes. Tem taxa de polícia, taxa de GCM, taxa de segurança particular. Mexer na cracolândia é mexer em todos esses interesses.

Conheço muitas pessoas que lá estão e muitos deles me conhecem também. Já celebrei missa em dia de Natal. E minhas celebrações na cracolândia sempre foram pautadas por muito respeito. Desrespeito eu recebia do "rapa", da GCM...

A ação da Pastoral do Povo da Rua não tem como intenção manter aquela condição, mas prestar solidariedade, aliviar a dor e o sofrimento, assim como outros grupos religiosos, da sociedade civil e da iniciativa privada. O objetivo é oferecer solidariedade. Não há medida mágica para resolver o problema da cracolândia, mas várias ações conjugadas, incluindo aquelas ligadas à saúde mental, porque envolve uma população heterogênea, a complexidade humana e um histórico de muitas perdas.

E nesse contexto, não há competição entre grupos religiosos ou entre grupos que não são ligados à igreja. **Porque a solidariedade não é uma dimensão religiosa, mas uma dimensão humana**, senão excluiríamos os ateus e os sem religião. E os ateus são mais solidários que muitos religiosos, que usam a religião para julgar, com moralismo, para impor, destruir, condenar. Religião não é para isso, é para religar as pessoas ao transcendente, a Deus, à Espiritualidade. Há inclusive **muita gente que se diz religiosa**, usa o nome de Deus, mas é genocida.

33

A região está degradada, mas temos que lembrar que o bairro da Luz é uma das áreas mais nobres e históricas de São Paulo. Lá estão a Sala São Paulo, a Estação da Luz, a Estação Sorocabana, o Terminal Rodoviário Princesa Isabel, a Pinacoteca, o antigo Palácio dos Campos Elísios, a Casa de Santos Dumont, o Liceu de Artes e Ofícios, o Liceu Coração de Jesus, o grande teatro da Porto Seguro que custou R$ 36 milhões, o Teatro do Sesc, a saída para o Rodoanel e várias rodovias. É uma área toda plana, cujo projeto se chamava Nova Dubai e houve uma intervenção primeiro de deterioração do espaço para ser vendido a preços pouco competitivos. O pano de fundo é a intensa especulação imobiliária. E ela é quem governa a cidade. Esse mercado está estabelecido e existem muitos acordos.

Para mim, crime organizado tem como definição aquele com participação de agentes de estado. E é exatamente isso que se vê na situação do tráfico de drogas em uma das cracolândias de São Paulo.

2.3. Ataques e ameaças: o poder do amor e do perdão

Sou alvo recorrente de ataques, seja de campanhas para me tirar da paróquia, ameaças de morte, como a que ocorreu em 2020 por um motoqueiro, na mesma época em que fui vítima de difamação por um candidato à prefeitura da cidade de São Paulo, que me chamou de "cafetão da miséria". Ele usou a minha imagem para fazer plataforma política em cima do ódio e da polarização, um grande prejuízo para a democracia.

Estava na praça com os irmãos de rua quando uma moto parou e ele falou em minha direção: "padre filho da puta que defende noia". Eu fiquei muito assustado e gravei rapidamente um vídeo para alertar o risco que eu corria, após os ataques de candidatos à prefeitura contra mim. E fiz questão de deixar claro que se algo me acontecesse ou fosse atingido por alguém, todos saberiam de quem cobrar. As ameaças com as quais convivo não são novas, elas se acentuam em alguns momentos. Para mim isso é claro. E como dizia Dom Paulo Evaristo Arns, se você está do lado do perseguido, você será perseguido também. Se está do lado do desvalorizado, será desvalorizado também. Cada luta tem um peso histórico e cada um de nós paga o seu preço.

Como consequência, a Comissão Interamericana de Direitos Humanos emitiu uma cautelar ao governo brasileiro para garantir o meu trabalho com os moradores de rua, incluindo escolta. Mas escolta eu não quero e não aceito. Eu serei escoltado e o morador de rua será violentado, ficará jogado na rua, sendo torturado, maltratado, apanhando da polícia, da GCM, do "rapa". A minha escolta é a vida deles com dignidade. Isso é que me protege. Se tem que ter escolta, quero para os 30 mil moradores de rua da cidade de São Paulo. E escolta para eles é moradia, alimento, trabalho, autonomia, possibilidade de vida com dignidade. Uma sociedade justa suprime a violência de tal forma que ninguém precisaria ser escoltado.Em junho de 2021, fui bombardeado por mensagens de ódio e ligações com xingamentos bem pesados por uma milícia de jovens católicos após indicar, em uma missa transmitida pela internet, os livros progressistas *O Deus das vítimas*, de Edevilson de Godoy, sobre a presença divina nos marginalizados; *Teologia e os LGBT+*, de Luís Corrêa Lima, que reflete sobre a realidade dessa população na perspectiva da teologia; e *Deus e o mundo que virá*, uma conversa do Papa Francisco com o vaticanista italiano Domenico Agasso, repórter do jornal *La Stampa* e coordenador do site *Vatican Insider*, sobre a pandemia. É muito triste ver como manipulam e invadem em nome de um deus cruel e opressor.

Em um dos ataques, uma montagem trocou a capa do livro *Teologia e os LGBT+* por um catecismo anticomunista. É lamentável e criminoso católicos falsificarem imagem e produzirem *fake news* tendo como justificativa o ódio.

Mas eu não tenho medo e nem ódio dos que me atacam. Sempre que estivermos em dúvida, fiquemos ao lado dos empobrecidos. E sempre nos perguntemos: o que Jesus faria nessa situação?

Não pauto minha vida pelo ódio. Ficam investigando a minha vida porque acreditam que eu recebo dinheiro público e querem saber quanto e de qual origem. Têm dias em que essa perseguição incessante me cansa. Será que é tanta maluquice a minha forma de pensar, falar e me posicionar? Por que incomodo tanto? Eu não recebo nenhuma vantagem nem dentro nem fora da igreja. Basta ir até a paróquia e ver onde estou, uma igreja pequena, simples, sem luxo algum. Não tenho carro, ando para cima e para baixo porque voluntários me levam. Não é necessário marcar hora para falar comigo, basta chegar em qualquer horário que eu esteja na igreja e vão me encontrar atendendo os irmãos de rua, varrendo o chão, regando as plantas, abrindo e fechando a porta. As pessoas idealizam, deturpam a imagem e me dão um poder que eu não tenho.

No fundo, vivemos em um mundo de interesses, mas o que eu tenho de vantagem na arquidiocese que eu possa perder?

Não me recuso a conversar com ninguém. Conversei com quase todos os prefeitos de São Paulo. O único com quem não falei foi Prestes Maia, porque eu era criança quando ele governava a cidade.

Temos que desmontar a máquina do ódio e nos permitirmos viver em segurança em uma sociedade pluralista.

As pessoas pensam de maneiras diferentes, a democracia exige o respeito mútuo às diferenças.

Fui procurado ao longo da minha vida por quatro pessoas que confessaram terem sido contratadas para me matar, mas que no final não conseguiram, e me pediram perdão. O rapaz que se aproximou de mim em uma moto e protagonizou o último episódio de ameaça também me procurou.

Eu disse que estava tudo bem e não quero nutrir ódio por ninguém. O que mais me fere é a dor dos irmãos de rua, eles apanharem da polícia e terem suas coisas subtraídas, o pouco ou quase nada que possuem.

Ninguém precisa concordar com a forma como eu convivo com a população em situação de rua, mas não destruam nem ofendam quem pensa diferente. Nosso mundo é pluralista, são muitas as maneiras de ver a mesma situação. O que não quero é mudar de lado, quero estar sempre ao lado dos pequenos, dos que perdem.

Meu posicionamento é sempre a favor da vida, dos fracos, das minorias, dos que lutam, dos sem casa, dos sem terra, da população de rua, dos nordestinos, dos negros, dos LGBTQIA+, dos refugiados, dos abandonados, dos homens e mulheres *trans*, de todos aqueles que são considerados lixo, escória, dos que são evitados, eliminados, exterminados. É do lado deles que quem segue Jesus Cristo deve estar.

Quem segue Jesus não pode estar ao lado dos poderosos, que acham que as minorias devem ser submetidas, que tem que acabar com os movimentos e com os ativistas.

O cristianismo não vai por esse caminho, mas a ignomínia, a vergonha, a desumanização.

Convivi muito tempo com as detentas da penitenciária feminina do Tatuapé desde que foi estabelecida até o seu fechamento. E uma delas certa vez me disse: "Padre, cuidado, porque todos nos odeiam, e odeiam todos aqueles que gostam de nós". O alerta dessa irmã detenta foi para mim um chamamento muito claro e forte. Estar junto com o rejeitado te torna rejeitado também. A mesma lógica que os descarta quer descartar quem luta para dar a essas pessoas condições para uma vida digna.

Até na convivência com crianças com HIV e Aids eu sentia na pele o ódio das pessoas. Tentaram incendiar uma das unidades da Casa Vida duas vezes no mesmo dia. Era um Domingo de Ramos e naquele dia eu não consegui celebrar a missa da tarde. Antes de sair, chamei quem estava na igreja, porque a nossa missa seria socorrer as crianças, arrumar a Casa Vida e limpar os estragos do incêndio.

Sempre que estou em situações de conflito procuro responder uma pergunta: o que Jesus faria aqui nessa situação? E seguir Jesus de Nazaré é um desafio e um conflito diário. Seguir Jesus não é fácil. Como não deixamos Jesus nos mudar, tentamos mudá-lo e fazer Jesus ao nosso gosto.

Certa vez, tentando conter um clima muito tenso na antiga Febem Imigrantes, dentro de um dos pavilhões começou um barulho grande. O diretor da unidade me olhou e falou: "pronto, começou a rebelião, vai lá 'direitos humanos', vocês não defendem? Vai lá, entra lá agora..."

Muitos dos jovens subiram em um prédio próximo à entrada e começaram a destelhá-lo e jogar as telhas sobre a cavalaria. Quando vi que a tropa de choque invadiria, corri, entrei e falei aos jovens, no meio de cadeiras voando, para descerem do prédio, pedi para que todos se acalmassem, se sentassem e ficassem de cabeça baixa. E um deles, com a voz mais forte, me ajudou a reforçar o pedido para que todos se sentassem para ouvir o que eu tinha a dizer. Eu disse: "vamos rezar".

Rezamos o Pai-Nosso, em um coro de vozes muito fortes e graves, e eu pedi para que se mantivessem sentados. Os menores disseram que quando eu fosse embora eles apanhariam e sofreriam violência. Eu garanti que a tropa de choque não entraria e avisei que os menores estavam sob a guarda da Arquidiocese de São Paulo. Eles não entraram e os menores aplaudiram. Conversei por telefone com o cardeal Dom Cláudio Hummes, que veio ao local. Quando ele chegou, me curvei para beijar sua mão e os menores aplaudiram novamente. Devem ter pensado: se o Padre Júlio, sendo padre, não permitiu que a tropa de choque entrasse e nos batesse, esse, diante de quem ele se curva, com certeza é Deus.

Eu garanti aos jovens que eles não sofreriam retaliações quando fôssemos embora e negociei essa condição com o diretor da unidade, sob o pretexto de que sem essa garantia eu passaria a noite na Febem e reivindicaria o salário de todos eles por estarem descumprindo o seu trabalho, que era o de manter a ordem e a disciplina sem violência.

E então, o que Jesus faria nesse momento? Na hora do conflito, Ele fica ao lado de quem está perdendo, sofrendo, apanhando... e como seguidor de Jesus, enfrentei muitas situações. Já fiquei preso dentro de presídio, no qual guardas saíram e fecharam as portas. Fiquei na penitenciária feminina com as presas, já fui trocado por reféns, enfrentei tropa de choque, subi em caminhão do "rapa" da prefeitura, quase caindo, para pegar um carrinho do catador.

Sempre estive ao lado desses grupos que chamam muito a atenção por serem indesejáveis, tratados com crueldade e violência. Fui a manifestações contra a Copa do Mundo, pelo Passe Livre com os *black blocs* e em todas houve dura repressão. E hoje me dedico especialmente à população em situação de rua.

A violação de direitos é persistente. Até hoje está impune a chacina de sete pessoas entre os dias 17 e 18 de agosto de 2004 na Praça da Sé.

Que todos nós tenhamos esse compromisso, de termos em nossas pautas as reivindicações da população de rua. De encontrar formas de superar esse momento em que a quantidade de pessoas sem casa, sem teto, cresce assustadoramente, incluindo muitas crianças.

O grande sinal para nós é aquilo que o Santo Pontífice nos traz: Não tenham medo de ir contracorrente, não tenham medo de ser diferentes, não tenham medo de propor o que aparentemente não cabe. A ordem jurídica tem que ser humana, ética, respeitadora e garantidora dos direitos humanos.

A propriedade não pode ser maior que a vida.
Qual o direito mais fundamental?
Direito à vida ou à propriedade privada?

Os mais conservadores me chamam de padre comunista, adepto da Teologia da Libertação, mas de forma pejorativa. Porém, são esses mesmos conservadores, como já mencionei anteriormente, que vão buscar inspiração em Santo Tomás de Aquino, um dos maiores doutores da igreja, que diz: "Nos tempos de penúria, todos os bens são coletivos". Ou seja, nos tempos de penúria, cessa o privado, ninguém é dono da água, ninguém é dono do espaço.

E o que estamos vivendo senão tempos de penúria? Não quero dizer que temos que ocupar todos os espaços, mas interromper as reintegrações de posse enquanto durar essa emergência sanitária. Temos que manter o estado democrático de direito, o direito à propriedade é um direito fundamental, mas o direito à vida é ainda mais fundamental.

A pandemia teve início no Brasil em março de 2020 e somente em junho de 2021, mais de um ano depois, veio uma decisão para suspensão das reintegrações de posse, do ministro Luís Roberto Barroso, do STF, com o objetivo de não violar os direitos à moradia, à vida e à saúde da população nesse momento delicado. Ficou determinada a suspensão, a princípio, pelo período de seis meses, de medidas administrativas ou judiciais que resultem em despejos, desocupações, remoções forçadas ou reintegrações de posse, em imóveis de moradia ou de área produtiva pelo trabalho individual ou familiar, de populações vulneráveis.

Pode parecer utopia, mas estamos vivendo uma distopia. Ver as pessoas de rua chorando, sofrendo, feridas, sujas, rasgadas, abandonadas, sem atenção e carinho destrói os nossos corações. Temos que manter o distanciamento, mas isso não significa abolir o afeto.

Cleber, irmão de rua que veio da cracolândia, chegou ao centro de convivência pela primeira vez para um evento do instituto *Human Day*, uma iniciativa incrível capitaneada por jovens. Muito barbudo, sujo, com odor muito forte, destruído, não falava com ninguém, apenas pegou a comida e foi se sentar longe, na calçada.

Depois que ele comeu eu fui até ele, conversei, perguntei o nome, e disse: "seus olhos têm muito brilho, têm luz, os seus olhos são os olhos de Jesus". Ele me olhou espantado e falei: "vamos pegar uma roupa limpa para você". Dentro da roupa que ele usava, dentro do forro rasgado, estava presa uma pequena bíblia e ele mesmo me falou: "eu toco violino, eu tocava na igreja". E eu disse que queria muito fazer uma orquestra com os irmãos de rua e que ele poderia nos ajudar.

Pedi a ele para trocar a máscara porque estava muito suja e ao ver seu rosto eu lhe disse: "você tem o rosto de Jesus". Convidei-o para voltar para o café da manhã e apresentei uma das voluntárias. "Quando você chegar, diga a ela quem você é. E quem você é?" E ele falou: "eu sou o Jesus do Padre Júlio".

Cleber é o Jesus que toca violino. O que busco é ir ao encontro do ser humano que ele é. Para a prefeitura ele é um número, na cidade ele é um problema, para a segurança ele é um perigo.

Esse é o Jesus que eu vejo, não é o da imagem. O rosto de Jesus é o rosto do irmão que está na rua, é o rosto que chora, que está ferido, faminto, abandonado, que não tem um travesseiro para reclinar a cabeça.

Acredito que Cleber tenha algum espectro do autismo. Ele come sozinho, fica sozinho, não se enturma, dorme lá perto da cracolândia e tem muito medo que alguém invada o seu espaço. Comento com frequência com o secretário municipal de saúde que deve ser muito grande a quantidade de pessoas em situação de rua com esse perfil e sem acesso a nenhum tratamento ou acompanhamento psicológico, o que só agrava o sofrimento mental.

Como aliviar a dor e o sofrimento dessa população? Os atendimentos são burocráticos. A burocracia mata a vida. Papa Francisco sempre nos pede: não sejam funcionários do sagrado. Não podemos perder a dimensão humana dessas pessoas. As políticas públicas padronizam, como se todos calçassem o mesmo número de sapato.

Uma vez fiz uma pergunta indelicada para uma jornalista que me acompanhava à noite: "você usa calcinha usada?" E ela me olhou espantada. E eu disse: "pois é, as mulheres de rua usam, mesmo limpas e dobradas, usam. Dificilmente alguém quer usar uma roupa assim".

O saudoso Padre José Comblin, um grande teólogo da libertação, me ensinou que você só tem liberdade se puder exercer sua escolha. Se você não pode escolher, você não tem liberdade. Que escolhas a população de rua pode fazer?

Aprendi que a justiça é dar a cada um o que é dele, o que ele tem como direito. Para Deus a justiça é dar a cada um o que ele necessita. Por isso, a justiça de Deus é a misericórdia. Deus nos ama não porque merecemos, mas porque precisamos do seu amor. O amor de Deus não é meritocracia, é gratuidade. Que cada um de nós seja um reflexo do amor de Deus, na justiça, na vida, no acolhimento de todos. Deus nos ama porque necessitamos desse amor.

**Ama-me quando eu menos mereço,
porque é quando eu mais preciso.**
Santa Teresa de Calcutá

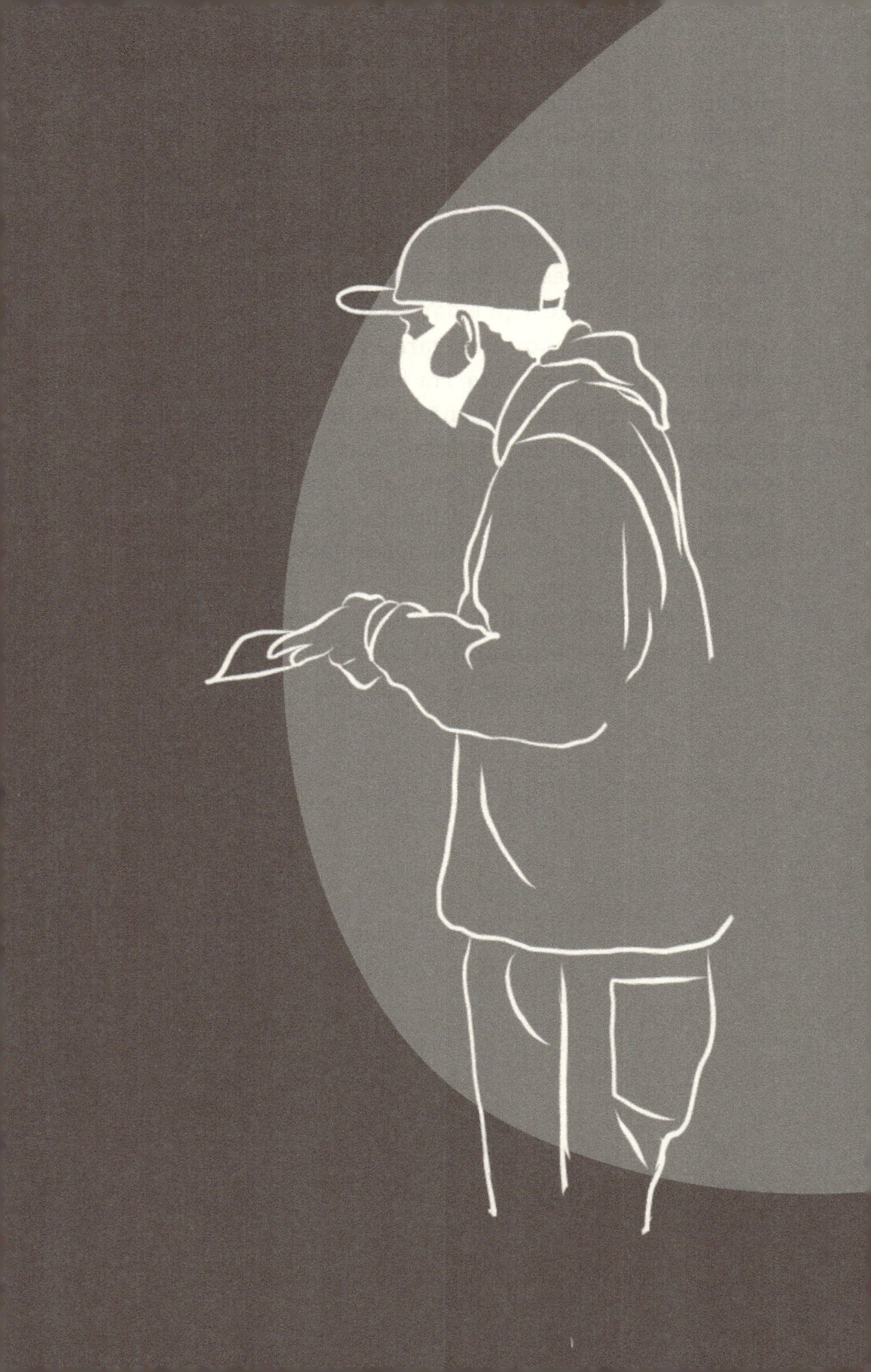

CAPÍTULO 3

Nem anjos, nem demônios. Quem são os moradores de rua da cidade de São Paulo?

> "Eu não trabalho com
> a população de rua.
> Eu convivo."

Vivemos um momento tão difícil, tão peculiar, tão singular da nossa história... Estamos todos profundamente atingidos e extremamente golpeados pela dor, pela expectativa, pelo medo, pela angústia em um momento em que ninguém está incólume, salvo do perigo, da doença, da convivência com a morte.

Conviver com os irmãos de rua é um desafio, assim como em todas as esferas da nossa vida, a convivência é uma aprendizagem, é uma construção, é uma descoberta. Quando estamos convivendo, procuramos um relacionamento que não é de imposição, que não é institucional, que não quer ser autoritário, mas que quer construir **com**. Esse é um direito humano fundamental, uma perspectiva pedagógica, sociológica, filosófica nas várias áreas do saber, conviver e construir **com** o outro.

> Construir COM a população de rua
> e não construir PARA a população de rua
> é, sem dúvida, o caminho mais difícil e
> desafiador.

Estou nessa convivência com os irmãos de rua há 36 anos, período em que parece não haver tédio, porque é uma descoberta permanente, contínua, a própria população vai tomando novos perfis, vai vivenciando a situação em novas conjunturas, em diferentes perspectivas e em diferentes momentos culturais, sociais, políticos, econômicos.

3.1. Censo: números oficiais *versus* realidade

Quando começamos a conviver com essa população, sabíamos que aqui em São Paulo eles não passavam de 5 mil pessoas. Hoje, chegamos a mais de 30 mil pessoas vivendo essa realidade. Pelos dados que cruzamos, consideramos que a população de rua de São Paulo seja em torno de 30 mil a 32 mil pessoas. Muitos municípios de São Paulo e do país não têm essa população. A queda na qualidade de vida geral se refletiu na população de rua, assim como as ações da política neoliberal, o sucateamento dos direitos brasileiros e a diminuição da proteção social. Conseguimos preservar o SUS e o bolsa-família, apesar das tentativas de destruição. A pauperização do povo é muito grande e o Brasil voltou para a linha de miséria e para o mapa da fome.

No Brasil, estima-se que essa população seja em torno de 220 mil pessoas[1]. Nacionalmente, os números são levantados pelo Ipea com base em estimativas. O Instituto Brasileiro de Geografia e Estatística – IBGE não faz o censo da população de rua, porque a metodologia utilizada é a pesquisa em domicílio, embora pudesse haver uma questão sobre a existência de pessoas em situação de rua naquele grupo familiar. A abordagem das pessoas que moram na rua, justamente por não terem domicílio, exige uma metodologia própria.

Até 2015, o crescimento da população de rua acompanhava o crescimento demográfico da cidade, lento, mas ainda assim alarmante. No último censo, comparado aos últimos cinco anos, houve um aumento de 53% em quatro

---

[1] https://www.ipea.gov.br/portal/images/stories/PDFs/nota_tecnica/200610_nt_74_diset.pdf

anos (de 2015 a 2019) saindo de 15.905 para 24.344 pessoas[2]. Em 1999, início do censo oficial, eram 9 mil.

Eu acompanhei todos os censos desde o primeiro divulgado no ano 2000, que foi feito na administração do Celso Pitta com a Alda Marco Antônio como secretária do bem-estar social. A realização do censo municipal está prevista pela Lei Municipal nº 12.316/1997, alterada pela Lei nº 16.520/2016, porque o levantamento dos dados orientará a questão orçamentária, a elaboração de políticas públicas e das respostas possíveis de serem dadas, grande parte delas incompatíveis com as necessidades da população de rua.

E aqui considero uma violação dos direitos humanos, pois a pessoa deve ser atendida na sua necessidade e não na necessidade ou na possiblidade do poder público. Eu ouvi muitas prefeitas e prefeitos dizerem que "fazem o que é possível". Mas o que é possível não é o que a pessoa necessita, além de ferir o conceito de equidade, que é responder a cada um o que ele necessita. Em geral, as respostas do poder público são institucionais e de tutela, não contemplam a autonomia da população de rua.

E o custo da autonomia é menor que o custo oneroso e ineficiente do institucional. Chegamos a propor uma auditoria financeira e técnica das respostas que o poder público oferece à população de rua. O montante de recursos que o município tem no orçamento é muito alto para o nível baixo de respostas, pouco resolutivas e nada emancipatórias.

Com o passar dos anos, foi-se desenvolvendo uma metodologia própria para o censo municipal. A maioria dos censos na cidade de São Paulo foi realizada pela Fipe/USP, outra pela Escola de Sociologia e Política, e o último censo, que custou R$ 1 milhão, foi executado pela Qualitest

---

[2] https://www.prefeitura.sp.gov.br/cidade/secretarias/upload/Produtos/Produto%209_SMADS_SP.pdf

– Inteligência de Pesquisa, instituto com base no Espírito Santo. Existem muitos furos no censo, na questão geográfica, na quantidade, em como as pessoas foram encontradas, no próprio conceito e definição de população de rua. No primeiro censo não tínhamos tantos parâmetros, e contestamos os dados das pesquisas porque sempre encontramos pessoas não abordadas e situações que não tinham sido consideradas. Por exemplo: quem está em barraca é abordado, já quem está em barraco, não. Não queremos que as grandes favelas já conhecidas sejam contadas, mas os barraquinhos e malocas debaixo do viaduto Guadalajara, nas avenidas Zaki Narchi e Ricardo Jafet, sim. Nesse caso, para os recenseadores, quem tem um teto fixo não é morador de rua, uma questão conceitual complexa.

Para efeito do censo, é considerado morador de rua quem está dormindo na calçada ou quem dormiu na noite anterior e quem está nos abrigos da prefeitura. E para isso foi necessário desenvolver uma metodologia específica: que hora é melhor para fazer esse levantamento; em que momento as pessoas se movimentam para garantir que a mesma pessoa não seja contada duas vezes; são consideradas as condições climáticas, se está frio ou chovendo; nem todos moram em calçadas e debaixo de viadutos, alguns estão em mocós, túneis, subterrâneos, cemitérios, beira de córregos e rios, dificultando o acesso das equipes do censo. A cidade foi dividida em unidades censitárias e a contagem é feita a partir da abordagem direta de cada pessoa para que se registre o gênero e a faixa etária.

Portanto, mesmo no censo mais recente, consideramos que esse aumento ainda está aquém da realidade. O crescimento dessa população é muito maior. E como os dados mais atualizados são anteriores à pandemia, se a pesquisa fosse feita hoje, estimamos algo em torno de 30 mil a 32 mil.

No Rio de Janeiro, proporcionalmente, a população cresceu mais que em São Paulo e soma cerca de 17 mil. Mas o crescimento, infelizmente, não é um fenômeno restrito à região Sudeste ou ao Brasil. Cidades que antes não viam moradores de rua agora veem.

Nova Iorque chega a ter 60 mil pessoas nas ruas sem ter onde morar. Los Angeles, 42 mil.

Para pegar um dado próximo da paróquia, o centro de convivência São Martinho de Lima atendia antes da pandemia cerca de 4 mil pessoas que passavam por lá pela primeira vez no mês. Agora, passam pela primeira vez, todos os meses, 8 mil pessoas. O dobro!

Essa população é bastante heterogênea, contendo mulheres, mulheres com crianças, grupos familiares e idosos, mas é majoritariamente formada por homens jovens (83%). Dos quase 25 mil moradores de rua da cidade, metade se autodeclaram pardos ou pretos, 32,6% têm entre 31 e 49 anos e 13,8% entre 18 e 30 anos.

A maior parte dessa população habita/transita entre os bairros da Sé (45,38%) e da Mooca (19,63%), onde estão as grandes vitrines da miserabilidade da cidade: Praça da Sé, Pátio do Colégio, Ladeira General Carneiro, Santa Cecília, Mooca, Brás Largo do Paissandu, cracolândia, rua e entorno do centro de convivência São Martinho de Lima, Viaduto Alcântara Machado, entre outros. Na sequência vêm Santana (4,25%), Lapa (3,63%), Santo Amaro (3%) e Vila Mariana (2,14%).

Com a pandemia, é possível notar nas ruas um aumento bastante significativo de pessoas "economicamente ativas", que estão em busca de emprego ou desistiram de procurar, muitas estão doentes e com sofrimento mental.

Eles trabalham em regimes informais como catadores, recicladores e, antes da pandemia, montando a estrutura de grandes shows e eventos na cidade.

A ditadura continua, é uma ditadura econômica, é a ditadura da especulação imobiliária, ditadura da aporofobia, que machuca e joga os pobres na rua. Com a pandemia, essas pessoas ganharam visibilidade. A presença deles se sobressaiu diante do silêncio da cidade e da ausência de movimento de transeuntes e de carros. Antes eles eram um detalhe (muitas vezes incômodo) na paisagem urbana. De repente, a cidade viu quem antes ela não via. Eles se tornaram visíveis por causa de um inimigo invisível (o vírus).

Os moradores de rua repetem na maneira de pensar e agir o que a sociedade como um todo pensa. Existem os que negam, os que relativizam, os que se cuidam. Até na rua encontramos negacionistas, terraplanistas e todos os perfis existentes na sociedade. Eu diria que os moradores de rua não são anjos, mas também não são demônios. São pessoas.

A população de rua não é uma cabeça com uma percepção diferente do resto da cidade, porque são atingidos pela mesma mídia, pela mesma ideologia dominante, pelos mesmos valores, embora estejam descartados, sem acesso a água potável. Se falta água na sua casa por uma hora, aquela uma hora parece um século, você não pode tomar banho, lavar a louça, realizar tarefas cotidianas. Eles têm que viver "o normal" sem ter o acesso sistemático à água potável. Eles não têm acesso a vaso sanitário, a álcool em gel. Eles não podem fazer escolhas. Tudo o que é dado para eles é sem opção. E sempre que possível dou a eles essa oportunidade para que exercitem, para que aprendam essa prática da liberdade.

3.2. Motivos que levam as pessoas para as ruas

É um caminho longo, e é um caminho de perdas. A pesquisa qualitativa realizada com o censo aponta que mais de 40% das pessoas vão parar nas ruas devido a conflitos nos grupos familiares causados pela ausência de trabalho, renda e condições de subsistência. Na pandemia aumentou demais o grupo de mulheres com crianças pela perda do emprego, moradia, por inadimplência de aluguel, alguns que têm que escolher entre alimentação e habitação. Estamos vivendo um desarranjo humano muito grande e a intolerância cresce principalmente na convivência.

Temos a intolerância da política, a intolerância na retórica do ódio. Mas há uma retórica do ódio que está sendo internacionalizada e se explicita no relacionamento humano, na incapacidade de conviver com os mais difíceis, os mais fracos, com os que têm mais dificuldade.

Tenho conversado com o secretário municipal de saúde sobre o aumento do sofrimento mental, sobre o quanto é torturante e leva muitas pessoas ao isolamento. Estamos percebendo que é difícil o diagnóstico do número de pessoas no espectro diverso do autismo e que acabam na rua. Tenho visto moradores de rua que dormem nos cemitérios e ouvi alguns deles dizendo "eu sou morto", "eu já morri". Alguns, mesmo com fome e com a comida na mão, não comem. Pessoas que choram muito, pela solidão, pelo isolamento, pela invisibilidade. Ninguém fala com eles.

No livro *Cultura da intolerância*, estudo feito pela Fundação Paulo VI (em espanhol, publicado em Madri pela BAC – Biblioteca de Autores Cristãos, em 1996), há um artigo da filósofa e catedrática de filosofia jurídica moral na Universidade de Valência, Adela Cortina, que fala sobre isso. Ela também é autora de *Aporofobia*, um outro livro lançado por ela recentemente, em português, e que trata do conceito de fobia e ódio aos pobres. Mostra como essa retórica do ódio foi sendo construída e que vai expulsando essas pessoas do contexto familiar e que depois torna muito difícil para eles entenderem esse mundo do qual elas foram expulsas e eliminadas.

Eu gosto de um biblista italiano chamado Alberto Maggi, conhecido na Itália como um frei herético, da congregação dos servos de Maria. Ele tem um livro em português muito importante chamado *A loucura de Deus*, e também em um de seus livros ele comenta passagens sobre "O sermão da montanha", dizendo que Mateus apresenta Jesus como o novo Moisés que subiu a montanha. Mas Moisés subiu sozinho, não havia mais ninguém com ele. Jesus senta-se como quem é mestre e todos podem se aproximar. Na montanha, Deus falou com Moisés, agora é Jesus quem fala, porque ele é o Deus que fala e ele faz uma nova aliança, a aliança pelo amor e não mais pela lei.

O sermão da montanha nos faz de novo pôr os pés no chão porque Jesus fala do pobre, daqueles que estão sofrendo, da misericórdia, da terra, da fome, das coisas que são muito ligadas à nossa vida e à justiça.

O sermão da montanha. As beatitudes

E Jesus, vendo a multidão, subiu a um monte, e, assentando-se, aproximaram-se dele os seus discípulos; e, abrindo a boca, os ensinava, dizendo:

Bem-aventurados os pobres de espírito, porque deles é o Reino dos céus;

bem-aventurados os que choram, porque eles serão consolados;

bem-aventurados os mansos, porque eles herdarão a terra;

bem-aventurados os que têm fome e sede de justiça, porque eles serão fartos;

bem-aventurados os misericordiosos, porque eles alcançarão misericórdia;

bem-aventurados os limpos de coração, porque eles verão a Deus;

bem-aventurados os pacificadores, porque eles serão chamados filhos de Deus;

bem-aventurados os que sofrem perseguição por causa da justiça, porque deles é o Reino dos céus;

bem-aventurados sois vós quando vos injuriarem e perseguirem, e, mentindo, disserem todo o mal contra vós por minha causa.

Exultai e alegrai-vos, porque é grande o vosso galardão nos céus; porque assim perseguiram os profetas que foram antes de vós.

(Mateus 5: 1-12)

CAPÍTULO 4

Mentiras sobre o povo da rua

> "A chave para a democracia são pequenas respostas para a ampla diversidade de pessoas, valores, interesses e necessidades. Já está mais do que provado que respostas grandes e padronizadas não solucionam o problema."

4.1. Morar na rua é atrativo!

Ao longo da minha trajetória escuto com bastante frequência que "não é correto chegar na rua e dar marmita, porque a pessoa tem que se conscientizar de que ela tem que sair da rua. A rua hoje é um atrativo, a pessoa gosta de ficar na rua".

Esse é um tipo de pensamento muito comum, embora não seja geral. O que me espanta nessas declarações é quando vêm de pessoas públicas, formadoras de opinião, que olham para a população de rua com preconceito, discriminação e ampliando com sua fala esse *apartheid* que vivemos.

A população de rua é invisibilizada em determinados momentos. Mas se quiserem entrar no shopping, se estiverem na porta da sua casa, se estiverem na porta do comércio tornam-se visíveis. Quando essas pessoas mais precisam, não são vistas. Quando incomodam, são visibilizadas.

Os moradores de rua são indesejados. Não são esperados por ninguém. Ninguém diz para eles: "que bom que você chegou, estava com saudades, queria te ver, onde você estava que não te achei, que não te vi?" Ninguém se importa com eles, a não ser que estejam incomodando.

Vivemos em uma sociedade adepta de uma política higienista, violenta, a GCM e a PM têm sido muito truculentas. A população de rua é sempre suspeita. E se são negros ou *trans*, pior ainda, são tratados com mais crueldade. A quantidade de mulheres com crianças, grupos familiares inteiros aumentou nos últimos anos e não por escolha, mas por necessidade, por não terem para onde ir, por não terem como sustentar sua autonomia, por não terem onde abrigar os próprios filhos.

Todo dia pela manhã escuto dessas pessoas o quanto os abrigos estão contaminados por percevejos e muquiranas. Quem tem a sua casa, o seu apartamento, quando tem insônia toma sedativo para dormir. O povo da rua precisa tomar um corote ou cheirar algum produto químico para conseguir dormir enquanto a muquirana come o seu pé.

Então, dizer que a rua possui atrativos é perturbador demais. É uma fala impiedosa de quem não tem a mínima noção da realidade.

A rede hoteleira de São Paulo é a única metrópole do mundo que não aceitou acolher a população de rua durante a pandemia, diferente de outras cidades desenvolvidas como Londres, Nova Iorque, Washington, São Francisco, San Diego, Madri, Barcelona, Lisboa.

A prefeitura abriu novos abrigos emergenciais, mas cada unidade abriga centenas de pessoas. Como fazer isolamento social dessa forma?

Não podemos esquecer que estamos falando de seres humanos com os mesmos desejos e necessidade que nós. Eles querem comida, querem um espaço para chamar de seu e também lazer, coisas bonitas que lhes agradem. Muitos adorariam ter uma biblioteca. Vários deles me pedem livros, porque gostam de ler, gostam de discutir novos assuntos, gostam de música, cantam, tocam instrumentos musicais.

TINHA UMA PEDRA NO MEIO DO CAMINHO

A população de rua também ama, também tem sonhos, medos, angústias, fome e sede. Tem de tudo na rua, pessoas que falam outros idiomas, pessoas que têm conhecimento, e também pessoas doentes, com sofrimento mental tão severo que não conseguem mais sorrir nem se alimentar. Acreditar que viver na rua é atrativo é um pensamento de quem não se responsabiliza e não se importa em buscar caminhos para a real emancipação dessas pessoas. A população de rua não é a causa do problema, é o efeito, mas o poder público lida como se eles fossem a causa.

4.2. A população de rua não gosta dos abrigos municipais

O primeiro albergue de São Paulo foi na Rua Asdrúbal do Nascimento, onde funcionava o juizado de menores na década de 1930. A única melhoria feita no espaço desde então foi a inclusão de tomadas para carregamento da bateria do celular. De resto, a estrutura é a mesma.

Tem hora para tudo, para entrar, sair, comer, tomar banho, dormir, a cama é demarcada e nos banheiros coletivos, e em alguns casos são muito imundos, você senta em um vaso sanitário por onde passaram 40 pessoas e toma banho em um box onde várias pessoas urinaram depois de enfrentar uma fila de 50 pessoas.

Certa vez conseguimos levar um rapaz para dormir em um leito de hotel e ele me disse que não se sentava em um vaso sanitário há muito tempo. Aquilo me impressionou muito. É muito indigno. São banheiros sem porta, infectados, com fezes nas paredes e sem nenhum zelo à autonomia dessas pessoas.

No centro de convivência São Martinho de Lima, muitas pessoas chegam com os corpos marcados por percevejo e muquirana, e eles são infectados nesses "albergues", em um espaço mantido com verba pública e altos valores que são recebidos por entidades que mantêm convênio com a prefeitura. Isso não ocorre em 100% dos casos, mas muitos deles estão prejudicados e infestados, com instalações sanitárias extremamente precárias, sem condições de funcionamento e higiene.

Escuto com frequência: "mas foram os próprios usuários dos abrigos que sujaram e não zelaram pela limpeza. Por que em vez de reclamarem, eles não limpam?" Claro que o grupo pode limpar, mas desde que se sintam participantes e se apropriem daquele ambiente como se fosse deles.

Aprendi com a saudosa Maria da Glória Pimentel, no meu curso de orientação educacional na PUC-SP, e com a professora Lais Lofrede da PUC-RJ, que quando as pessoas sentem que o vaso sanitário é mais importante que elas, elas não cuidam. Elas precisam se sentir mais importantes que "a coisa". Porque damos mais importância para "a coisa" do que para a pessoa. E é preciso que as pessoas, sentindo-se valorizadas, valorizem o espaço.

É um desafio imenso, como manter os espaços salubres e conservados, de maneira aprazível, pela própria comunidade, que, para isso, precisa se sentir partícipe da administração desses locais. São desafios pedagógicos, políticos, econômicos, jurídicos, da administração da justiça, de uma cidade que tenha uma arquitetura gentil e não hostil, de um relacionamento que seja de proximidade e não institucional, que não tire a autonomia e a liberdade das pessoas.

As estruturas institucionais são burocratizadas. Outro dia chegou na igreja um morador com a perna machucada, com o gesso desmanchando, infestado de bichos. Pedi para que o levassem ao hospital para limpeza e depois o abrigo emergencial não permitiu sua entrada porque ele tinha nove faltas. E eu questiono, mas quantas presenças ele tem? O que é muito burocrático, o que é muito institucional, não atende aos moradores de rua.

A população de rua não precisa de vaga (como já disse, vaga é para carro, para coisas). Essas pessoas precisam de um lugar, de um espaço, organizado e gerenciado por eles. Você precisa dormir em uma cama que você reconheça como sua, comer uma comida que você sabe que é sua.

Algumas respostas oferecidas a essa situação são desprovidas de qualquer bom-senso, como a proposta de camping social para que a GCM não bata nas pessoas. A população que vive na rua não precisa da prefeitura para fazer camping. Isso eles já fazem. E a GCM não tem que bater em ninguém. O que essas pessoas precisam é de condições para que construam sua independência, sua autonomia, sua liberdade e não sejam simplesmente tuteladas.

Muitos possuem animais de estimação e os abrigos não aceitam. Aqueles que possuem um canil tratam os animais com o mesmo descaso com que são tratados os seus donos. Você deixaria o seu bichinho de estimação em um lugar que você não confia, onde ele poderia sofrer maus tratos?

Despimos a população de rua dos sentimentos, das emoções, da pertença, da sexualidade, da afetividade. Casais homoafetivos não têm espaço nessas estruturas. Mulheres *trans* são obrigadas a cortarem o cabelo para serem reconhecidas como homens e não têm o nome social respeitado. Se vão ao banheiro masculino são assediadas. Se vão ao feminino, são rejeitadas. Mulheres tolhidas em sua intimidade e afetividade.

E qual a solução? Essas pessoas poderiam estar em pequenas repúblicas. Existe o Espaço Florescer, de muito boa qualidade, mas são apenas duas casas. A ideia é atender um número reduzido de mulheres *trans*, trabalhar com pequenos grupos para um atendimento mais qualificado e sem aglomerações. Mas como o número de pessoas com esse perfil tem aumentado muito nas ruas, são necessários mais espaços dentro desse modelo para atendê-las. Fico muito penalizado de ver essas mulheres com seus silicones industriais caídos, deformados, sem direito a hormonioterapia, sem respeito ao que elas são, muitas vezes tolhidas de usarem o tipo de roupa que gostam e de serem chamadas pelo nome que escolheram. Temos que respeitá-las do jeito que elas são.

Eu encontro muita oposição, porque esperam que eu seja um padre que condene e moralize, mas converso com todos, incluo e aceito a todos como são, me aproximo das pessoas que são indesejadas, incômodas na convivência diária para a maioria da sociedade e também converso com as de todas as religiões. Estar aberto a essa diversidade, sem moralismo, hipocrisia, preconceito e julgamento me gera muitas ameaças.

Devemos não ter mais esse discurso tão institucionalizado e burocratizado. Devemos considerar que a população de rua é muito heterogênea e não há uma resposta que seja suficiente para todos.

A chave para a chamada "políticas públicas" é termos muitas pequenas respostas e não poucas grandes e genéricas. O que temos são respostas repetidas de albergues, com regras rígidas, que desconsideram os diferentes perfis de pessoas. E a desculpa é sempre a mesma: "foi discutido em assembleia".

As pessoas que estão na rua também introjetam os valores desumanos, de uma justiça despótica, de uma sociedade que se impõe de maneira violenta. Eles também repetem esse *modus operandi* porque é o que eles conhecem. Paulo Freire dizia que educação é uma intervenção, mas deve ser para humanizar e não o contrário.

Os moradores de rua também trazem propostas draconianas e desumanas. Nos espaços de "acolhimento" (mas a verdade é que lugares para 400 pessoas dormirem não acolhem ninguém), ainda se mantém a figura do pernoite, onde a pessoa pode passar apenas uma noite e ir embora. Muitas pessoas, porém, pela exposição nas ruas a todo tipo de doença, vêm com sarna e outras pragas. E quem dorme todos os dias nesses mesmos espaços rejeita quem veio para dormir apenas uma noite.

Acredito que a chave para a democracia são pequenas respostas para a ampla diversidade de pessoas, valores, interesses e necessidades. Já está aí, mais do que provado, que padronizar e tratar de forma genérica não é o caminho para solucionar esse problema.

4.3. Não dou dinheiro porque eles vão beber ou comprar drogas

Muitas pessoas me perguntam quais são as atitudes certas ou erradas na hora de ajudar alguém que está nas ruas.

Primeiro, não há um código de conduta para isso. O que há é o seu coração e a sua disposição em fazer algo, seja lá o que for. Mas o que posso dizer é: não desanimem, tenham alegria de lutar. Quando estiver na frente de um irmão, não precisa dar nada além de um pouco de você, do seu tempo, ofereça palavras de apoio e conforto. Ofereça um olhar, um sorriso, não demonstre medo nem angústia.

Mas é importante não demonizar nem idealizar. Eles são seres humanos. Há mais perigo em gente que te ameaça e que te rouba no Congresso Nacional, nos ministérios, naqueles que superfaturam respiradores e falsificam álcool em gel do que num morador de rua que está pedindo uma moeda. "Ah, mas eu não dou porque eles vão comprar droga". Só os moradores de rua usam drogas? Ninguém tem que tutelar a sua consciência. Se o seu objetivo é ajudar alguém, não há atitudes certas ou erradas. Há o que o seu coração te orienta. Se eles fossem demônios, não teriam fome. Se fossem anjos não estariam nas ruas, mas em alguma corte celestial. Eles estão na rua porque são seres humanos, porque também erram e falham como nós erramos e falhamos.

Você pode ajudar financeiramente se essa for a sua vontade, mas há outras formas possíveis a qualquer um de nós, utilizando apenas seus recursos pessoais e humanos. Não discrimine, não seja preconceituoso, olhe para a pessoa que está em situação de rua sem medo ou desconfiança, fale com ela, olhe nos olhos das pessoas, não fale contra elas nem fale mal delas. Entenda que são seres humanos e que precisam de compreensão e proximidade. E isso todos nós podemos fazer, sem precisar gastar um real sequer.

Você pode colaborar com um projeto, com uma ação social, mas seja você também um projeto e uma ação.

Não sejam pessoas da incomunicabilidade. Sejam pessoas da proximidade, que generosamente oferecem um olhar, uma palavra, um gesto, uma água potável, que cobram os poderes públicos, que ajudam com sugestões e propostas. Converse com um catador, com um morador de rua. Às vezes um cumprimento pode ser o começo de um caminho que leva a respostas muito positivas e humanizadoras.

Há um trecho muito bonito de Romanos 12:2, que lemos na liturgia católica, que diz:

> *E não vos conformeis com este mundo, mas transformai-vos pela renovação do vosso entendimento, para que experimenteis qual seja a boa, agradável e perfeita vontade de Deus.*
>
> *(Romanos 12:2)*

Ou seja, não tomem a forma desse mundo. Não se conformem. E o neoliberalismo não é só um sistema econômico, é cultural e é epistemológico, de tal forma que começamos a pensar de uma maneira neoliberal, acreditando que toda ação, todo ato de caridade, de solidariedade e amor ao próximo tem interesses próprios por trás, como se ninguém pudesse fazer nada a não ser para obter vantagens. Ouço com muita frequência: "mas o que você está ganhando com isso, qual a vantagem em realizar esse trabalho?"

Certa vez uma jornalista me perguntou se eu tinha pretensões políticas, se pretendia me candidatar a algum cargo. E eu disse que eu era candidato ao asilo, ao sanatório e ao cemitério. É difícil para as pessoas entenderem que não há interesses. Eu não luto para ganhar, luto para ser fiel.

Dom Paulo Evaristo Arns dizia que a cidade de São Paulo é como a cabeça de Cristo, uma riqueza dentro e cheia de espinhos no seu entorno e que precisamos lutar para tirar os espinhos e transformá-los amorosamente em flores, em beleza e em natureza.

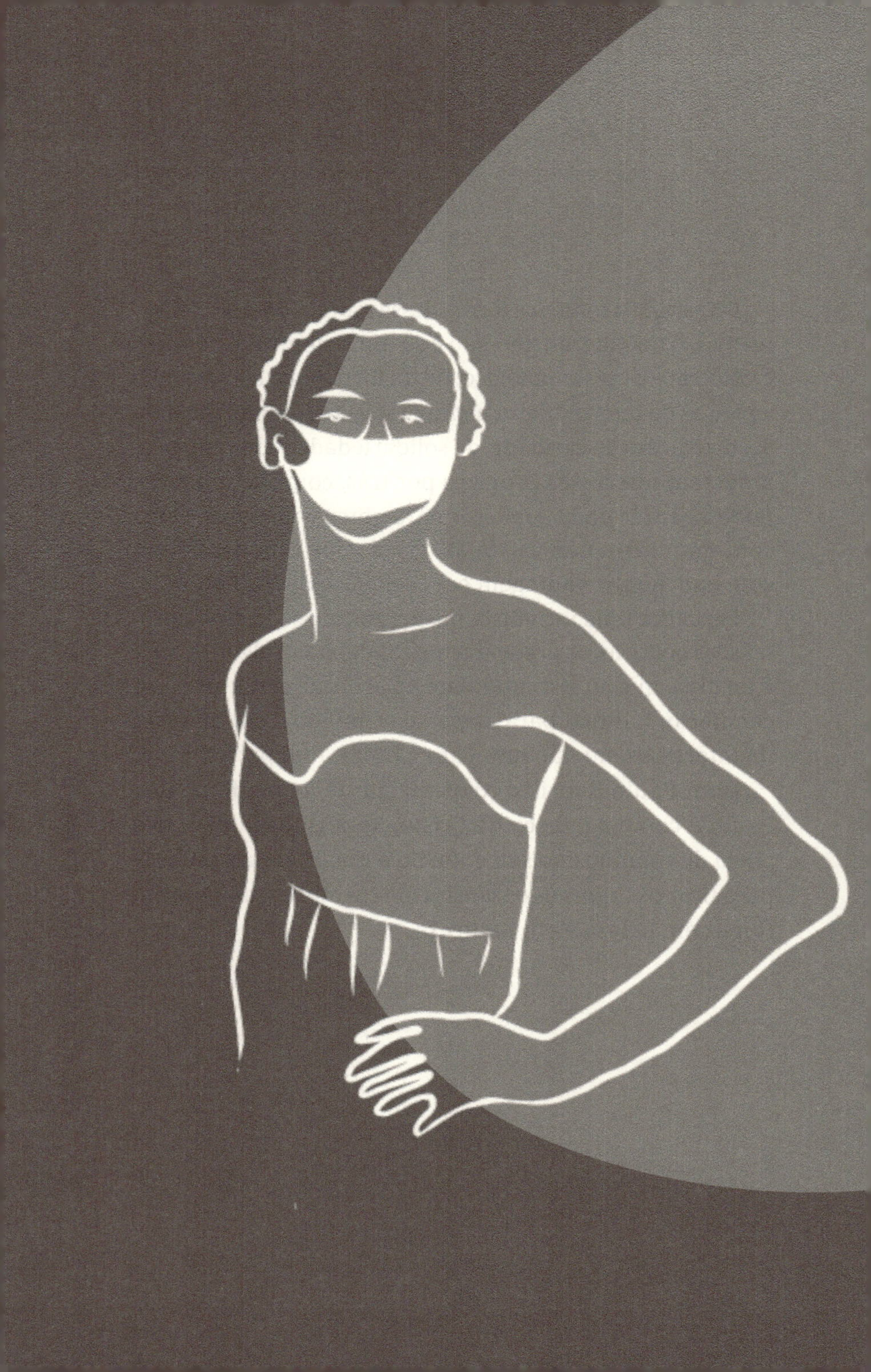

CAPÍTULO 5

O Espírito Santo na luta pelos marginalizados

> "Deus não é unitário.
> Deus não é binário.
> Deus é trinitário,
> aberto à diversidade,
> à pluralidade,
> à comunhão de amor!"

Eu gosto muito de uma passagem histórica em que perguntaram a Sua Santidade o 14º Dalai Lama qual era a melhor religião. E ele disse que a melhor religião é aquela que te faz mais humano, mais humanizado. Parece até um pleonasmo, afinal já somos humanos. Mas a vida às vezes vai nos desumanizando. Fico pensando nisso quando vejo pessoas que receberam auxílio emergencial sem precisar, falsificando documentos. Eu diariamente convivo com moradores de rua que não conseguiram ou que conseguiram a primeira parcela e a segunda foi negada. Eu não posso ter paz enquanto há fome, discriminação e preconceito, enquanto o grupo LGBTQIA+ é maltratado, enquanto as mulheres *trans* são assassinadas, enquanto o feminicídio aumenta.

Há um rapaz negro que frequenta o centro de convivência e todos os dias no café da manhã ele chega com os olhos esbugalhados e com sofrimento mental muito grande porque não consegue entender muito bem o que está acontecendo. No começo ele não interagia, somente se falássemos com ele. E como eles estão de máscara, tenho aprendido a ler o que dizem pelo olhar, e ele tem um olhar muito assustado. Peço com frequência a profissionais de saúde mental para nos ajudar a diminuir o sofrimento psíquico dessas pessoas, não no consultório, mas no cotidiano, no dia a dia da vida. Outro dia estava muito frio e ao ver que ele estava sem casaco, fui pegar um para dar a ele. Fiquei olhando enquanto o rapaz se vestia e ele disse para o outro irmão de rua que estava ao lado: "viu como ele gosta de mim!" Fiquei muito comovido e comentei sobre esse episódio na missa, questionei se as pessoas conseguem olhar para os irmãos de rua.

Quando vejo a quantidade de pessoas negras morando nas ruas é o retrato, o documento da nossa história, da escravidão que não acabou, que jogou esse povo nas ruas, homens, mulheres, pessoas feridas, machucadas... então a nossa espiritualidade só tem sentido se ao olhar para essas pessoas percebermos nelas a vida e o amor de Deus, o próprio Jesus.

Olho muito para eles e faço uma documentação dessa convivência nas minhas redes sociais por fotos e sempre coloco como legenda "eu vi Jesus".

E nossa concepção de Deus e de Espiritualidade tem que ser trinitária. Deus não é binário, é trinitário. E nessa Trindade de Deus a gente saber que é ação na história. O padre Libânio me ajudou nesse entendimento de que a transformação se dá numa ação na história, não podemos perder a dimensão histórica. Não posso tudo, mas também não fico no nada. Tenho que manter essa chama da luta.

O limite faz parte da nossa vida porque nossa luta é histórica. E minha perspectiva não é a vitória, é o fracasso. Porque se eu buscar a vitória e o sucesso, é porque aderi ao sistema neoliberal. Nele, eu sempre serei um fracassado e onde eu quero estar é justamente ao lado dos que perdem. E como dizia Darcy Ribeiro, estou muito feliz de estar ao lado dos que perderam, não queria estar do lado dos que ganharam, quero estar ao lado dos pisados e não dos que pisam, dos perdedores e não dos vencedores na fraude, na mentira, na injustiça e na maldade. Então não posso ter medo de perder.

Talvez uma das aprendizagens mais difíceis da minha vida é que por amor também se erra. O amor não nos torna infalíveis, nem invencíveis, mas vulneráveis. Nós na luta também podemos nos enganar, somos vulneráveis.

Tenho apreço por todas as religiões e amigos muçulmanos, budistas, hinduístas, e gosto muito dos ateus. Quem se diz ateu é ateu de um deus injusto. Se for perguntar de qual deus essa pessoa é ateia, desse deus eu também sou. Temos que olhar para a humanização de todos e não ter medo.

Os místicos cristãos me ensinaram a contemplar a cruz, a contemplar o Deus crucificado, despojado, que **não é todo poderoso, mas é todo misericordioso**. Tenho muita dificuldade com o termo "todo poderoso".

Muita gente pergunta **"onde está Deus?"**. Deus está naqueles que estão sofrendo, nos pequeninos, Deus está doente, sem respirador, abandonado na rua.

Na Casa Vida, onde acolhíamos as crianças com HIV e Aids, tinha uma menininha que eu dizia que era minha heresia, porque era uma menininha negra, doente, que o pai foi massacrado no Carandiru e ela morreu diante de mim. Ela me faz acreditar que Deus é mulher, que Deus é criança, que Deus é negra e que está com HIV. Nesse momento, Deus está com covid-19. É o Deus que sofre conosco, que é discriminado, rejeitado e que nos questiona a lutar contra isso, que nos pede para descer da cruz os crucificados. O povo brasileiro está crucificado, os indígenas, os negros, as mulheres, os grupos LGBTQIA+, os refugiados, todos crucificados.

O Papa Francisco diz que temos que buscar o essencial. Certa vez eu estava no metrô sentado no banco reservado (porque já tenho idade para isso) e estava lendo um livro do Leonardo Boff, *Cristianismo*: mínimo do mínimo. Estava indo visitar uma irmã que estava doente e até faleceu, a irmã Maria Emília, que trabalhou na pastoral carcerária e escreveu um livro sobre a produção da esperança no presídio, e uma senhora que estava no metrô olhou para mim e perguntou "de que lado abre a porta do Paraíso?", e ela se referia à estação do metrô Paraíso. E eu com o livro do Boff na mão olhei para ela e disse: "minha filha, que pergunta interessante a sua". "A porta do paraíso abre do lado dos pobres", e ela sorriu.

Importante termos essa clareza de não ser necessário buscar a vitória, mas a fidelidade, mesmo que a nossa luta envolva sofrimento. Já sofri todos os tipos de hostilidades. Já enfrentei a tropa de choque, já levei cacetada da polícia nas manifestações de rua ao lado da tática *black bloc*, na antiga Febem (atual Fundação Casa) ao lado dos jovens rebelados, assim como nos presídios feminino e masculino, junto aos índios guaranis em frente à Prefeitura de São Paulo. Levei muita bomba de gás junto ao povo de rua. Mas é o lugar onde prefiro estar, ao lado daqueles que perdem. Aprendi a não ter medo de perder. E saber que há um limite muito grande e que amar é perder. Eu aprendi a perder tudo, muita coisa eu já perdi, só não quero perder o amor de continuar até o fim ao lado dos que também perdem.

Como diz o Pastor Henrique Vieira, "derrotado na lógica do capitalismo, um perdido na lógica do fundamentalismo, mas um vitorioso salvo pela ótica de Jesus. Portanto, um vitorioso!"

Tenho recebido mensagens do Brasil inteiro de pessoas oprimidas pelas religiões e pelas igrejas porque são homossexuais, porque são homens ou mulheres *trans*, muita gente esclarecida, estudada, mas que sentem muita culpa por acreditarem que vão para o inferno por causa da sua opção sexual ou identidade de gênero.

Assim como em diversos momentos da história as religiões oprimiram os indígenas, assim como o cristianismo oprimiu os negros, assim como os negros tiveram que resistir com sua fé, sua dança, seu batuque, assim como os indígenas tiveram que resistir, temos que ajudar nossos irmãos dos grupos LGBTQIA+ a resistirem a esse massacre ideológico, religioso. Temos que ajudar essas pessoas a aliviarem a dor que carregam no coração, na consciência, como é difícil tirar essas amarras da infância, da educação, quanto medo, quanto terror eles têm. Não teremos libertação sem que ela perpasse a libertação na esfera pedagógica, política e erótica. As pessoas também precisam ter essa libertação na esfera da sexualidade, que tem sido um fator de muita opressão, subjugando as mulheres, aumentando o preconceito e a discriminação contra os grupos LGBTQIA+. Não há coisa pior hoje em dia do que ser mulher, negra, travesti, lésbica ou *trans*. No corpo dessas mulheres *trans* violentadas está o corpo de Jesus violentado.

O que precisa de cura é o preconceito, é o dogma acima da dignidade humana, o que destrói a família não é a orientação sexual não heteronormativa, mas o preconceito, a violência e a intolerância. A igreja cristã tem esse sangue nas mãos e nossa postura tem que ser de arrependimento, de solidariedade e de produção de uma teologia mais vinculada ao espírito do Evangelho, que não aprisiona, mas liberta para que pessoas vivam sua verdadeira singularidade.

Eu escolhi uma frase de Paulo que está na primeira carta aos Coríntios como meu lema na ordenação de padre: "e Deus escolheu as coisas fracas deste mundo para confundir as fortes" (Coríntios 1:27). Então, que não tenhamos medo de sermos fracos, de sermos pequenos, de sermos até insignificantes. Sejamos unidos aos fracos, aos pobres, aos insignificantes.

Para a comunidade LGBTQIA+, quero dizer: Deus ama você, o amor de Deus se derrama sobre todos nós.

Deus não está acima de todos.
Ele está no meio de nós.

Deus não está calado neste momento, ele está gritando muito fortemente. Sua presença se dá na história. No dia do batismo para a comunidade sempre digo que Deus não é solidão, é comunhão. Deus não é solitário, é comunitário, fraterno, solidário conosco.

É essa dimensão da Trindade, de um pai que cria, um filho que liberta e o espírito que atualiza. O ocidente perdeu muito a dimensão trinitária. O projeto do pai que o filho realiza e que atualiza na ação e força do espírito. O espírito que grita e geme na história.

Não vou ver tudo o que eu sonho, mas não vou deixar de lutar por isso. Não luto para ser reconhecido. Não podemos perder a dimensão trinitária, a espiritualidade da Trindade. Afinal Deus não é binário, é trinitário.

Quem é estudioso da bíblia sabe que o 3, nesse contexto, não é 2 + 1. O 3 na bíblia é a plenitude, por isso Jesus ressuscitou no terceiro dia. A vida de Jesus é plena e plenifica a história, portanto não podemos perder a Trindade. A Trindade não é uma invenção, é uma revelação, é uma manifestação, é uma teofania. Jesus fala do Pai e fala do Espírito.

É tão bonito quando Jesus diz, "eu vou, mas não os deixarei órfãos". Eu vou mandar para vocês um padrinho, um protetor, um defensor.

O discernimento é percebermos como o Espírito está se manifestando nesse momento de morte, de genocídio, de abandono nas ruas, de assassinato dos meninos negros e de meninas negras violentadas. Perdemos a dimensão da diversidade, da pluralidade.

O Espírito é multiforme, o Espírito sopra onde quer.

Jesus falando com Nicodemus, ninguém aprisiona o Espírito.

Às vezes me consideram herético, mas vejo que o Espírito Santo está muito forte na luta do grupo LGBTQIA+. Esse grupo questiona tanto, desinstala tanto, que vejo neles a força da ação do Espírito. Os indígenas, os povos originários estão cheios do Espírito ao defenderem a floresta. Os que rejeitam o Espírito estão queimando o pantanal. O povo negro quando quebra as correntes foi pela libertação do Espírito Santo.

O Espírito Santo não é propriedade de nenhuma igreja, de nenhuma religião, o Espírito Santo é a ação de Deus na história.

Eu acredito que a força do Espírito Santo vai se dar na história desconstruindo o patriarcalismo, a LGBTfobia, a misoginia e toda a força da epistemologia neoliberal, que causa dramas tão intensos e profundos. O Livro *Jesus, el varón*: aproximación bíblica a su masculinidad, de Hugo Cáceres Guinet, traz uma discussão sobre a masculinidade de Jesus e como ele enfrentou a questão de gênero na Palestina muito heteronormativa do século primeiro. Infelizmente, ainda não há tradução para o português.

O capitalismo é autofágico, mas ele se atualiza em cada momento assumindo as nossas lutas.

Para mim, o cristianismo é enfrentamento e não tem medo do conflito, por isso também não devemos temê-lo. Tivemos uma apropriação e deformação do cristianismo como sendo pacífico. As manifestações pacíficas também têm conflito, luta, enfrentamento. Temos a ideia de um Jesus pacificador, mas ele não o foi. Ele mesmo diz, "eu não vim trazer a paz, eu vim trazer o fogo, eu vim trazer a divisão". Mas isso não significa o conflito pelo conflito, mas aquele que está presente na superação da desigualdade, do racismo, da cultura do estupro, realidade, como no episódio da menina grávida de 10 anos, resultado das violências e abuso do tio, e revelada de forma contundente em algumas obras da literatura brasileira.

No livro *Tereza Batista cansada de guerra*, de Jorge Amado, Tereza é uma menina que foi vendida pela avó para o coronel Justiniano. Ele tinha um colar com argolinhas e cada argolinha era uma menina virgem que ele tinha violentado. E esse colar era ostentado como um sinal de masculinidade, poder, virilidade e autoridade. É uma cultura presente na educação, na socialização, uma cultura extremamente violenta. Assim como a cultura racista está presente em nossa história.

O Espírito não age na minha intencionalidade, age na história, no presente, no conflito histórico, nas desigualdades, nas diferenças, nesses gemidos inenarráveis.

A vontade de Deus sempre foi muito usada para impor, dentro da visão de um Deus autoritário. Temos que saber que o verbo de Deus é Jesus e o Espírito atualiza essa palavra no momento presente, atualiza no mistério da história neste momento. Qual é o Espírito de Jesus hoje? Onde Jesus estaria? É a vontade de Deus que um menino de nove anos morra carbonizado no incêndio em uma favela na Penha? É possível que a vontade de Deus seja essa?

Em São Paulo havia a discussão sobre fazer um camping para os moradores de rua? Eles não precisam da prefeitura para isso. O que eles precisam é ter uma casa para colocar sua cama, sua mesa, seu fogão, fazer a sua própria comida. A vontade de Deus é aquela em que Jesus nos diz que todos tenham vida, e vida em abundância, por isso temos que desconstruir os privilégios. E nessa pandemia, nessa emergência sanitária, quem abriu mão dos privilégios? Quais políticos, magistrados, governantes abriram mão de seus salários para socorrer os mais necessitados?

O Espírito desinstala. O Espírito é uma ventania[3] que quebra o seu espelho se você estiver olhando muito para si mesmo em vez de olhar também para o seu irmão. O Espírito puxa a tolha da mesa e joga tudo no chão, gera confusão, bate a porta e faz uma bagunça. Por isso, Lucas diz que foi uma ventania impetuosa. O Espírito é um furacão que arranca os telhados da segurança e nos faz olhar para novos horizontes, que derruba as nossas certezas. Desconfie de tudo o que é muito dogmatizado, de tudo o que é imposto, isso não é do Espírito. Porque o Espírito revira tudo, põe tudo de cabeça para baixo. De acordo com Padre Comblin, o Espírito não vem de cima, vem de

---

[3] "E veio de improviso, do céu, um ruído como de uma ventania impetuosa, que encheu toda a casa onde estavam sentados. Fizeram-se ver a eles línguas como de fogo, que se dividiram, e sentou-se uma sobre cada um deles. E todos ficaram cheios do Espírito Santo e começaram a falar outras línguas, como o Espírito dava a eles de se exprimir." Atos 2:2 (A descida do Espírito Santo).

baixo. Quando tudo se queimou, o que sobe é a fumaça do Espírito. Minha avó dizia que só é possível conhecer um bordado pelo avesso, onde é possível ver se o bordado é bonito, se é bom, se está bem feito, sem nós e remendos. Com a história, devemos fazer o mesmo, olhá-la pelo avesso para conseguir enxergá-la melhor e em toda a sua complexidade.

A grande espiritualidade é a unidade e não a uniformidade. O Espírito é a beleza da diversidade, das cores que se compõem, das formas que se conjugam, da variedade de línguas e das diferentes maneiras de ser, das raças e das etnias, dos tambores e dos órgãos, das flautas e das enxadas, das flores e das verduras, dos peixes e da aves, dos homens e das mulheres e dos não binários, de todas as formas de ser, do feminino e masculino que se misturam e revelam que Deus não é nem menino nem menina, de tudo aquilo que compõe a vida, da prosa e da poesia, da música, da partitura, das notas, tudo isso forma a grande diversidade que tem que ser vista. Que o Profeta Isaías nos ajude a entender que as armas devem se transformar em arados. Que o leão tem que dormir do lado do bezerro. Que o menino pode colocar a mão na cova da serpente e não será picado. Temos que entender que a galinha guarda os pintinhos debaixo de sua asa. Temos que perceber como sinal para os cristãos o pelicano que arranca um pedaço do peito e alimenta o seu filho, temos que perceber um Deus que se faz comida e se faz pão, um Deus que se faz bebida, um Deus que se pode ver no nosso irmão.

Para mim, é impossível não enxergar Jesus no jovem, no idoso, na mulher, na criança, naquele que dormiu na calçada, no frio, na chuva, com sede, com fome. A nossa espiritualidade e a nossa esperança têm que ser de resistência. A nossa trincheira é a nossa vida. A nossa arma é o amor. A nossa luta é o conflito constante. Estou velho, mas continuo querendo lutar como um jovem e não quero esmorecer. Quero, como Dom Pedro Casaldáliga, morrer de pé como uma árvore.

Há tantas simbologias no cristianismo, tanta poesia na vida, tantas coisas a aprender e a contemplar... Nós podíamos pedir a espiritualidade do colírio para enxergar melhor.

Jesus diz que "quem quiser salvar a sua vida vai perdê-la e quem perder a sua vida por causa de Mim, esse a salvará" (Marcos 8:35). Gosto muito de um trecho do Evangelho de João, "ninguém tem amor maior do que aqueles que dão a vida pelos seus amados" (João 15:13). "Vós sois os meus amados."

Essa é a espiritualidade que tem que nos alimentar. Espiritualidade que aquece pelo espírito, que nos faz ter coragem de amar, de perdoar, de receber injúrias sem se ofender, de enfrentar o conflito sem ter medo de ser ferido.

Amar é arriscado. Amar nos faz vulnerados. Não podemos ter medo da fraqueza.

"Deus escolheu o que é fraco para confundir o que é forte."

5.1. Leituras da vida e do olhar do povo sofrido

A principal leitura nesse momento de pandemia é a leitura do olhar. Certa vez perguntaram para o bispo Dom Luciano Mendes de Almeida quem era a pessoa mais importante para ele. Sua resposta: "aquela com quem estou falando". É um exercício de autoeducação, dar a devida importância ao seu interlocutor e ler os seus olhos com atenção plena e cuidado.

Quando eu convivi na penitenciária feminina do Tatuapé, as pessoas me perguntavam "nossa, quando você fala com as presas elas prestam tanta atenção, o que você faz para conseguir isso?". E eu respondia que apenas digo a elas o que leio em seus olhos, e para mim isso é o amor. Quem ama lê os olhos da pessoa amada e diz o que está lendo.

Temos que aprender a ler a história, a vida, os acontecimentos, os olhos das pessoas, ler os olhos que riem, ler os olhos que choram. Perdemos, nesse imediatismo da tecnologia, das mensagens curtas e rápidas dos novos tempos, a capacidade de ler a história. Costumo dizer para os estudantes de Teologia que sabemos muito a história da teologia, mas sabemos pouco da teologia da história.

Vivemos um momento marcado por muita polarização e muito ódio a quem pensa diferente. E o que a história está nos revelando? Não chegamos nesse momento por acaso. Para compreender um pouco mais, sugiro o livro *Guerra cultural e retórica do ódio*, de João Cezar de Castro Rocha, professor de literatura comparada da UERJ, que faz uma etnografia textual para tentar entender como chegamos nessa retórica do ódio, no descaso pelo outro e na forma violenta de querer ganhar uma discussão com argumentos destrutivos, sem aprofundamento, reflexão e método.

Sugiro também o livro *A loucura de Deus* – o Cristo de João, do biblista italiano Alberto Maggi. Ele escreveu um texto sobre a bênção a casais homoafetivos, tema amplamente abordado pela imprensa.

> *A loucura de Deus é mais sábia do que os homens.*
> *A fraqueza de Deus é mais forte do que os homens.*
> (1ª Carta de Paulo aos Coríntios; Coríntios 1:25)
> *Rejeitado pela família de modo que nem mesmo os seus irmãos acreditavam nele (João 7:5) e abandonado por grande parte de seus seguidores e*

muitos dos seus discípulos se afastaram e não andavam mais com ele (João 6:66).
Para as autoridades judaicas, Jesus é apenas um louco, um obcecado (João 8:48).
Somente um louco, um samaritano endemoniado poderia com efeito denunciar os chefes dos religiosos como filhos do diabo e assassinos (João 8:48), e desejar o fim da instituição religiosa que se acreditava fosse desejada pelo próprio Deus.

É interessante conhecer a loucura de Deus.

Outro livro que tem me acompanhado foi escrito na Espanha em 2018 e ainda não tem edição em língua portuguesa: *La revolución de Jesús*. O objetivo dessa obra é contar sobre o projeto vital mais íntimo de Jesus, o reino de Deus, porém não se trata de fazer uma análise do que significa esse reino, senão mostrar as consequências na vida do povo nessa época. Para os que o viram e o escutaram, a consequência fundamental é uma revolução em três níveis: pessoal, social e o transcendental, entendendo transcendência como o que vai mais além do aqui e agora, mais além do contexto do grupo em que nos situamos. Essa revolução supõe compreender a pessoa de Jesus, sua origem, sua história, a história do seu povo, o contexto social, econômico, político onde foi forjada a sua consciência. A revolução de Jesus implica a igreja de todos os tempos como sujeito revolucionário. Se não é, então está traindo o projeto de Jesus, o reino de Deus.

Essas são algumas das leituras que me alimentam, porque a luta é dura. E não há luta sem conflito e sem perda. Nas leituras que faço da vida, dos olhos do povo sofrido, dos livros que são meus companheiros, na caminhada, eu aprendi e tenho repetido muito, eu não luto para ganhar, eu luto para ser fiel até o fim, porque muitas vezes eu vou perder.

Nós não temos que ter medo de perder.

A nossa luta é histórica, não terá resultados imediatos, uma luta que é de inquietação, não é de conforto. Não vamos chegar à lucidez sem conflito, não vamos conseguir mudar sem conflito, temos que entender que o conflito faz parte da nossa vida. Não o conflito pelo conflito, mas o de saber de que lado você está. E nas contradições da história. E gosto muito de citar Simone de Beauvoir: "os opressores não teriam tanto poder se não tivessem cúmplices entre os oprimidos". E Paulo Freire quando diz: "que muitas vezes a cabeça do oprimido é hospedaria do opressor". Ou seja, nossa luta é imensurável.

Temos que lutar contra a opressão e contra a ideologia opressiva que faz parte da nossa história, da nossa vida, do processo educativo. Hoje vivemos dramas terríveis. Em *Guerra cultural e retórica do ódio*, João Cezar de Castro Rocha fala de uma questão que atormenta hoje a nossa vida, a questão da ideologia de gênero. Mas essa ideologia não existe. Temos que lutar pela identidade de gênero.

Há uma discussão tão sem fundamento dos movimentos conservadores do que é ideologia de gênero, mas eles não discutem a ideologia da dominação, a ideologia capitalista, a ideologia necrófila e a ideologia totalitária. Eles inventaram a ideologia de gênero para fugir do assunto. O que existe é a identidade de gênero e a identidade de classe, identidade histórica latino-americana contra todo tido de opressão, expropriação, dominação.

A verdade que vos libertará não é a verdade autoritária de quem assume o poder para pisar no povo, para rir dos pobres, para se esconder dos que lutam contra o fascismo.

A verdade que liberta é Jesus libertador, Jesus pobre, Jesus migrante, Jesus refugiado, Jesus cansado.

Não podemos esquecer de Judith Butler e temos que ter uma luta lúcida e inteligente para não perder o passo da história. A luta não é para atingir um resultado objetivo ou a glória, luto porque é necessário, luto pelos que virão e lutamos pelos que vieram e lutaram antes de nós. Uma luta que vem de longe e que precisamos manter viva. Luta pela igualdade e para que ninguém fique para trás.

Temos que buscar razões para a nossa esperança e viver aquilo que anunciamos, precisamos ter credibilidade. A credibilidade é o testemunho, é viver aquilo que você anuncia, viver aquilo que você diz, é ser consequente e fiel até o fim.

E nós precisamos nos manter firmes.

Onde estaria Deus nessa pandemia? Deus está esperando uma vaga na UTI, está com dificuldade para respirar, está sem oxigênio, sem medicação e a ambulância não chega para transportá-lo, ele está sofrendo conosco, carregando a nossa dor. E isso me lembra do livro *O Deus crucificado*, outro grande mistério da nossa fé. Um Deus que assume a nossa dor por amor. E não há amor sem dor. Temos que viver esse momento da história que, tristemente, vivemos com amor.

Perder a vida é não pensar em si mesmo. E eu não luto somente por mim, mas para que os moradores de rua não passem fome, tenham onde dormir, tenham alegria de viver, tenham esperança. A nossa fé e a nossa esperança são insubordinadas, não podem ser levadas dentro daquilo que nos propõem.

Temos que romper e explodir as estruturas que nos oprimem e cantar com os que choram, dançar com os imobilizados, sonhar com os que têm insônia, resistir nesse momento com coragem e esperança sem ter medo de denunciar o genocídio, sem ter medo de denunciar os que nos acorrentam e de quebrar as correntes que nos aprisionam.

Estamos domesticados dentro desse sistema. Por isso a luta e a educação do movimento zapatista propõem muito essa decolonização. Nossa luta ainda ocorre dentro de uma gramática colonial, de opressão. Tirar as correntes de quem está feliz acorrentado é um processo bastante difícil e penoso e ainda vai levar muito tempo.

Esse momento pode ter como objetivo nos calar, mas é agora que temos que gritar para não perdermos a liberdade de cantar.

Recentemente, repercutiu na imprensa uma fala sobre mim: "Se tirar um prato de comida do Padre Júlio, ele grita". O que tenho a dizer é que: grito mesmo! Mas grito com ainda mais ímpeto e energia quando os irmãos de rua não têm o que comer, o que vestir, não têm amor, afeto, compreensão, acolhida, água potável, uma cama decente para dormir.

Observo a forma como o sistema funciona e tento pensar sempre fora da sua lógica, porque essa lógica em que vivemos nos desumaniza. Temos que pensar fora do sistema, dentro de uma possibilidade de amor. A retórica do ódio somente será vencida pela lógica do amor.

Uma coisa importante é que nunca podemos prescindir da análise marxista da realidade, fundamental para que possamos entender o mundo em que vivemos, e isso não é incompatível com o cristianismo, assim como não foi incompatível para Santo Tomás de Aquino o método aristotélico, e, para Santo Agostinho, o platonismo. A análise marxista é uma mediação social que está colocada e posta e que a teologia também deve levar em conta porque interage com todas as áreas do saber.

Em sua última encíclica, *Fratelli Tutti*, o Papa Francisco, ao falar do perdão, diz o que é perdoar o tirano, já que estamos vivendo um momento de genocídio e tirania: "perdoar o tirano é tirar das mãos dele a tirania".

Sinal dos tempos!

CAPÍTULO 6

Flores no lugar de pedras: uma trajetória incansável em busca de respostas emancipatórias para o povo da rua

> "A luta de um é a luta de todos. A luta dos direitos humanos é indivisível."

Desde pequeno, por volta de oito, nove anos de idade, eu gostava de participar de atividades na igreja e ajudava na missa. Sempre estudei em colégios católicos e iniciei minha educação formal no Educandário Espírito Santo, mantido pelas Missionárias Servas do Espírito Santo, no Tatuapé.

Eu tinha dificuldade na escola e uma irmã idosa resolveu cuidar de mim e de todos os que "davam trabalho", fosse por problemas de comportamento ou de aprendizado. Nós gostávamos muito dela e, por enxergar pouco, ajudávamos em todo o serviço que ela tinha que fazer. Ela também cuidava de um padre alemão que tinha neurose de guerra. Ele se assustava e corria com qualquer barulho como porta batendo ou objeto caindo. Então, eu e outro menino, o Augusto, cuidávamos dele. As irmãs preparavam um café da manhã caprichado para o padre com geleia, gelatinas, suco, frutas, café com leite, iogurte, ovo quente e ele não comia nada daquilo, então Augusto e eu aproveitávamos. A irmã sempre achava que o padre estava com bom apetite e que tinha comido tudo.

Aos 12 anos, entrei para o seminário em Araraquara, mas retornei rápido para São Paulo e terminei o ginásio em uma escola de presbíteros agostinianos. Decidi novamente me preparar para a carreira religiosa e cheguei a me tornar noviço, mas fui convidado a sair aos 19 anos.

Depois de me formar em Pedagogia, fui professor universitário, do nível médio e fundamental. A alfabetização das crianças foi uma fase muito gratificante e as pessoas se impressionavam com o interesse dos alunos pela minha aula, sobretudo daqueles com mais dificuldades. Atribuo ao método interativo que eu usava, com muito brinquedo, dança, música, muitas atividades lúdicas.

Na PUC-SP, onde fiz meu curso de Orientação Educacional, o meu professor de História da Educação, por quem tenho grande respeito e veneração, Carlos Alberto Andreucci, me convidou para ser professor assistente da matéria e nesse período eu dava aula em três faculdades diferentes.

Em 1980 conheci Dom Luciano Mendes de Almeida, então bispo-auxiliar de São Paulo, e colaborei na fundamentação da Pastoral do Menor da Arquidiocese de São Paulo.

Nesse mesmo ano, na primeira visita do Papa João Paulo II ao Brasil, após o seu retorno para o Vaticano, Dom Luciano, que acompanhou o papa durante toda a visita, estava contando como tinha sido a recepção. E nessa conversa ele me disse: "o papa me perguntou quando eu irei te ordenar padre". E eu respondi: "mas o papa nem sabe que eu existo, como ele iria lhe perguntar isso?" E ele falou: "mas eu estou lhe perguntando". Iniciei os estudos de Teologia no ano seguinte e em 20 de abril de 1985 fui ordenado sacerdote.

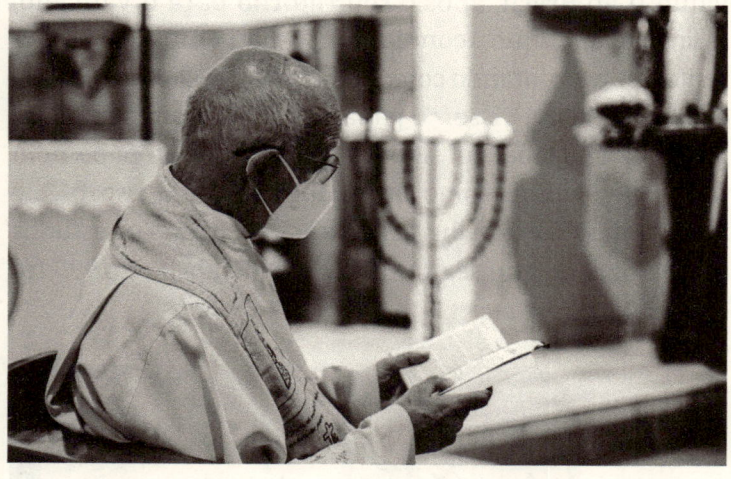

Há 36 anos estou na Paróquia São Miguel Arcanjo. É um caminho sem volta, de quem tem a consciência de que não pode abandonar, tampouco decepcionar os que confiam em mim. Quando eles me chamam pedindo ajuda porque estão sofrendo injustiça ou apanhando, eu nunca vou dizer "eu não vou, porque não posso apanhar". Eu vou e, se for necessário, apanharei junto. É um compromisso e está selado. Sou como São Policarpo: tenho que honrar minha velhice, ser coerente até o fim.

Qual o motivo de amar o povo da rua? Você não convive com eles se não for por amor. Eu chamo a atenção deles, puxo a orelha, cobro, falo coisas duras, mas o vaso não quebra, porque sabem que o que eu falo e faço é por amor.

Muitas pessoas não entendem quando digo isso, mas a minha perspectiva nesse sistema é o fracasso. Porque se eu não fracassar é porque aderi ao sistema. O Evangelho de Marcos mostra Jesus como um fracassado na cruz, traído e abandonado, mas aquele foi o resultado de alguém que não desistiu, que não sucumbiu às críticas, aos ataques e às pressões do sistema. Dos 12 discípulos convocados por Jesus, um o traiu, outro o negou e os outros fugiram.

Existe uma intolerância e criminalização muito grande da pobreza e dos moradores de rua. Por que a vida dessas pessoas tem que ser tão sofrida? Por que seus chinelos são tão arrebentados? Por que não podem dançar, ter prazer, ser felizes? Tudo o que fazem é criminalizado, a sexualidade é negada, o afeto é represado, todos os desejos são suspeitos.

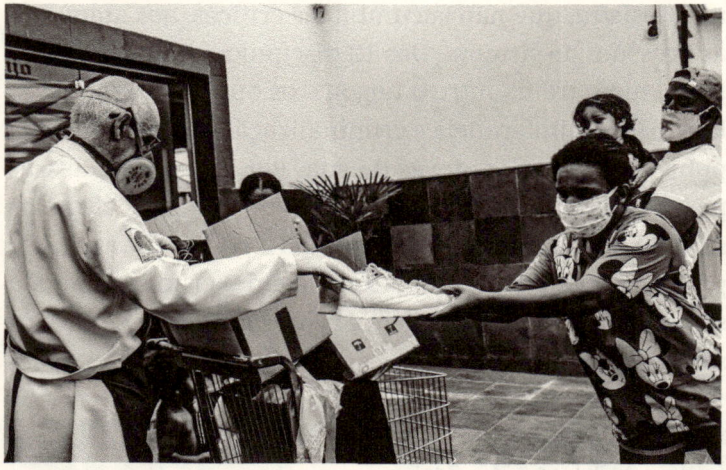

Mas eles são o retrato fiel do que eu creio, eles são os prediletos de Deus e não posso negar a eles o meu tempo, a minha palavra, o meu olhar, a convivência, a partilha do pão. Eu canso, fico esgotado, há momentos muito difíceis, mas tenho muito essa concepção e essa convicção de que o segmento de Jesus é o enfrentamento. Eu não estou seguindo alguém que morreu de velhice na cama. Estou seguindo alguém que morreu na cruz, condenado.

Uma vez perguntei em um velório no cemitério, e na missa aqui na igreja: "por que rezamos pelos mortos?" A maioria me olhou espantada com a pergunta, outros ousaram responder.

Rezamos pelos mortos porque nós os amamos, porque fazem parte das nossas vidas, da nossa história, da nossa memória afetiva. Posso perder muito da minha memória cognitiva, mas não perco minha memória afetiva, ela não se apaga. E as pessoas em situação de rua possuem esses mesmos sentimentos, não são diferentes de nós.

Papa Francisco pede aos padres que falem com o coração, que falem da vida e do amor que nos desafia. O amor não é somente um sentimento, é uma decisão, uma escolha. E não há amor sem dor. Sempre lembro os noivos quando celebro um casamento: por amor vocês vão sorrir, mas também vão chorar.

No momento da morte de alguém, essa é a dor do amor. Acredito que é disso que precisamos, do amor. Jesus não propôs uma religião, mas a humanização da vida, vida esta que está muito mecanizada, muito banalizada e num mundo cheio de conflitos, de desigualdades.

6.1. Casa Vida I e II

Fundei as duas unidades da Casa Vida na década de 1980 numa época em que a Aids era considerada uma peste. Comecei recolhendo os bebês nascidos de mães soropositivas na Febem e que os funcionários sequer encostavam por preconceito e medo de contaminação. Meu objetivo era dar uma resposta nova de acordo com o Estatuto da Criança e do Adolescente, que só viria a ser instituído em 1990, mas cujos princípios norteavam o nosso trabalho. Essas crianças ficavam isoladas, não saíam para brincar nunca, e nosso desejo era ter um espaço para elas. Dom Paulo incentivou a abertura da Casa Vida, mas alertou que eu sofreria muito. Abrimos as portas do espaço sob julgamentos e xingamentos, mas não esmorecemos. Eu batizei todas aquelas crianças e vi muitas delas morrerem nos meus braços.

Minha mãe me dizia: "meu filho, você sabia que seria difícil". Era início da epidemia de Aids, ainda não havia os coquetéis e tratamentos que ampliam a expectativa e dão uma qualidade de vida aos portadores do vírus HIV.

Daniel, um dos meninos acolhidos, me marcou especialmente. Ele me pediu para ir à igreja, e como já estava magrinho e bem fraco, o levei no colo. Ele pediu para parar em frente à imagem do Coração de Jesus e perguntou por que o coração estava fora do corpo. Eu respondi: é porque Ele ama muito, e quando amamos dessa forma o coração não cabe no peito.

Uma vez o levei ao cinema para assistir ao filme *O Corcunda de Notre Dame*. E ele se identificou muito. No dia de sua morte, ele me pediu para comprar uma surpresinha. Encontrei os bonequinhos do filme e levei todos de presente. Ele ficou encantado, brincou por um tempo e depois me devolveu e falou para que eu os levasse para a igreja porque ele entendeu que eu tinha gostado muito também.

E talvez uma das coisas mais duras que aprendi na vida é que por amor também se erra, o amor também nos engana. O amor não nos torna infalíveis nem capazes de tudo, o amor fragiliza, então aceitar isso foi e tem sido um grande aprendizado. O amor me torna frágil e justamente por isso me mostra quem eu sou.

6.2. O exemplo e o legado de dois Paulos

Se fossem vivos, Dom Paulo Evaristo Arns e Paulo Freire completariam 100 anos em setembro de 2021, respectivamente nos dias 14 e 19.

6.2.1. Paulo Freire

O Professor Paulo Freire é uma grande referência intelectual. Na minha formação como pedagogo, seus escritos foram orientadores e instigaram minhas reflexões e prática educativa. Ler Paulo Freire foi imprescindível na minha vida.
Tivemos muito contato na época em que ele lecionava na PUC-SP. Além das aulas, fazíamos reuniões frequentes para discutirmos a nossa atuação na Pastoral do Menor. Levávamos nossas vivências para esses encontros e refletíamos de forma aprofundada sobre as nossas práticas. Entre tantas virtudes, Paulo Freire tinha como característica uma escuta atenta, paciente e perseverante. Sempre nos ouvia sem pressa e depois problematizava os pontos abordados para que juntos descobríssemos os caminhos para lidar com as questões.
Quando recebi o título de doutor honoris causa em Humanidades pela PUC-SP, Paulo Freire esteve na cerimônia, um momento especial, importante e muito popular, com a participação de muitas crianças, jovens, indígenas e grupos das comunidades periféricas de São Paulo.
Paulo Freire faleceu no feriado do Dia do Trabalho, em 1º de maio de 1997. Fui ao velório, realizado no salão do Teatro Tuca, da PUC-SP e todos os padres que ali estavam me escolheram para celebrar a missa de corpo presente.

Havia muitos professores, alunos e intelectuais, incluindo a primeira-dama, Ruth Cardoso, nessa última homenagem.

Lembro-me com muita emoção desse momento e de tê-lo acompanhado até a sepultura para plantá-lo como uma semente de esperança e que nos ensina a educação como um gesto de amor e um ato político. Ainda estamos orvalhados por Paulo Freire.

6.2.2. Dom Paulo Evaristo Arns

Se Dom Paulo Evaristo Arns fosse vivo, completaria 100 anos no dia 14 de setembro de 2021. E o que estaria dizendo ele nesse momento? Coragem! Nos momentos mais difíceis ele sempre estava sereno e nos pedia coragem, nos pedia para não desistirmos nem esmorecermos.

A memória de Dom Paulo é incômoda, assim como o são a de Dom Luciano Pedro Mendes de Almeida, Dom Helder Pessoa Câmara, Dom Valdir Calheiros, Dom José Maria Pires, Dom Adriano Hipólito, Dom Aloísio Lorscheider, Dom Ivo Lorscheider, assim como é incômodo lembrar de Santos Dias da Silva, Margarida Alves, Irmã Dorothy, Zumbi dos Palmares, Dandara, Frei Caneca, Antônio Conselheiro, Josimo Tavares, Margarida Alves, Chico Mendes, Marielle Franco, e tantas outras pessoas incômodas que morreram sem testemunhar a conquista de suas lutas, mas coerentes e fiéis a suas causas.

No local da sepultura de Dom Paulo Evaristo Arns na Catedral da Sé, em sua lápide, está escrito em um latim muito bonito, "amou os pobres e defendeu a dignidade humana como poucos fizeram, e amou os pobres e defendeu os mais pobres com especial afeto e carinho".

Na noite em que ele faleceu, pude visitá-lo no hospital. Eu estava com um grupo de moradores de rua próximo ao

Hospital Santa Catarina, já eram onze horas da noite e me deixaram entrar. Beijei a cabeça e as mãos de Dom Paulo e agradeci por tudo em nome do povo da rua.

No governo Maluf muita gente morreu de frio nas ruas. Não havia onde abrigar tanta gente e certa vez fizemos um acampamento embaixo do viaduto do Glicério. Dom Paulo foi para lá, subiu em cima de um caixote enquanto a imprensa o acompanhava e ligou para Paulo Maluf: "prefeito, por favor, arranje um local para essas pessoas dormirem, senão o Arcebispo de São Paulo vai dormir debaixo do viaduto".

O próprio prefeito se sentiu pressionado e resolveu a situação. E naquela ocasião tive a oportunidade de dizer a Paulo Maluf que manter a cidade limpa era algo com o que estávamos de acordo. Mas mantê-la com as mãos sujas de sangue, isso nós não iríamos aceitar. E que muitos moradores de rua eram seus eleitores, então o mínimo que esperavam era que tivesse a responsabilidade e a consciência de não maltratá-los. Essa é uma luta de muito tempo.

Dom Paulo foi quem me designou Vigário Episcopal para o Povo da Rua e fui mantido nessa posição por Dom Cláudio Hummes e Dom Odilo Pedro Scherer, atual Cardeal Arcebispo de São Paulo. Faz, portanto, muito tempo que estou como vigário episcopal. Convivi com Dom Paulo no enterro de Santo Dias da Silva quando foi assassinado pela ditadura militar, no ato inter-religioso na Catedral da Sé por Vladimir Herzog, na recepção das cinzas do Frei Tito de Alencar, na recepção dos despojos de Alexandre Vannucchi Leme, entre outros momentos em que junto de Dom Paulo tivemos que enfrentar a Catedral da Sé cercada pelo exército, e as ameaças que ele recebia quando celebrou uma missa em memória do menino Joílson de

Jesus, brutalmente assassino na Praça da Sé no dia 9 de dezembro de 1983.

No ano em que foi nomeado Cardeal, em 1973, Dom Paulo vendeu o Palácio Episcopal Pio XII, residência oficial do Arcebispo, por 5 milhões de dólares e, com o dinheiro, construiu 1.200 centros comunitários na periferia paulista. O episódio fortaleceu as Comunidades Eclesiais de Base, as pastorais sociais e a Operação Periferia, uma ação missionária que, por meio de panfletos, pregava a conscientização de classe e politização dos marginalizados da cidade. As Comunidades Eclesiais de Base possibilitaram que as pessoas tivessem um lugar para se reunir e reivindicar seus direitos.

Dom Paulo enfrentou ofensas, calúnias, perseguição, atentados, ameaças. Convivi com eles quando a Arquidiocese de São Paulo foi esquartejada e dividida, em um plano arquitetado na tentativa para diminuir a sua influência. Ele foi uma grande figura e defensor de direitos humanos. Para ele não tinha religião, não havia nenhuma outra questão mais importante que a vida humana. Muito surpreso ao ser chamado por Dom Paulo para compor a Comissão de Justiça e Paz, Fábio Konder Comparato respondeu: "mas eu nem católico sou". E Dom Paulo respondeu: "mas é humano? Defende a vida humana? É isso que nos interessa".

Em 2020 tive a honra de receber o 7º Prêmio Dom Paulo Evaristo Arns, promovido pela Prefeitura de São Paulo. E na ocasião, além de agradecer a todos os que me indicaram ao prêmio, fiz questão de frisar que não estava ali em meu nome, mas em nome da maloca, da galera, dos catadores, do povo da rua, dos LGBTQIA+, dos presos e presas, das mulheres *trans*, dos negros, dos indígenas, dos quilombolas, dos sem terra, dos palestinos, dos migrantes, imigrantes e refugiados, de todos aqueles que são odiados e perseguidos.

E que aquele troféu iria para a carroça dos catadores, para as malocas dos moradores para que eles saibam e tenham a força de que eles existem e que têm o direito de viver, que são pessoas, que são seres humanos. A luta de um é a luta de todos. A luta dos direitos humanos é indivisível. Dom Paulo faleceu no dia 14 de dezembro de 2016 e está sepultado na cripta da Catedral de São Paulo. É o cardeal dos direitos humanos, o cardeal do povo da rua, o cardeal da pastoral operária, de todos os pobres, da pastoral do menor que ele criou após a operação Camanducaia, quando 97 menores de idade ("supostamente" infratores) foram transportados por policiais da sede do Departamento Estadual de Investigações Criminais de São Paulo (DEIC), às margens da Rodovia Fernão Dias, nas proximidades da cidade de Camanducaia (MG), onde acabaram jogados de uma ribanceira, após uma sessão de espancamento. O caso foi denunciado pela imprensa e chocou a opinião pública brasileira, tornando-se um dos maiores escândalos de violação de direitos humanos do país.

Dom Paulo criou a pastoral da criança com a insigne e santa figura da Dra. Zilda Arns. E eu lembro do dia que ele me chamou na sacristia da catedral e, junto com Dom Luciano, me pediu para levar a Dra. Zilda nas favelas. Lembro que era maio, dia das mães, e fui com ela para a favela Dona Sinhá.

Dom Paulo foi uma figura esplendorosa e não pode jamais ser esquecido. Quando ele era bispo auxiliar de Santana, esteve no presídio na Avenida Tiradentes para receber os presos políticos e frades que lá estavam, mas foi barrado na porta por um general porque naquela unidade só era permitida a entrada de arcebispos. Quando ele foi nomeado arcebispo, voltou e não teve mais como ser impedido. Muitos que hoje apresentam atos pífios na defesa dos direitos humanos foram salvos por ele da prisão. Ele enfrentou a ditadura militar, os ditadores de plantão, ligava para o Golbery do Couto e Silva para cobrar a vida dos desaparecidos.

Dom Paulo atuou na defesa dos presos políticos e desaparecidos da Argentina. Esteve junto com o reverendo presbiteriano Jaime Wright na Operação Clamor levando ao Papa as reivindicações da América Latina e a denúncia sobre tantos desaparecidos. Quando Dom Pedro Casaldáliga foi ameaçado de ser expulso do Brasil, Dom Paulo acionou o Papa Paulo VI, que avisou à ditadura militar do Brasil: "tocar em Dom Pedro é tocar em mim". E a ditadura deu um breque na expulsão. Dom Paulo é essa figura, era um pai para nós. Lembro de uma pessoa que dizia: "vocês aprontam tudo isso porque vocês estão cobertos pelo manto do cardeal".

O capitalismo por essência é o de descarte. A única coisa que ele inclui é mais lucro, mais mérito, mais vantagem e mais interesse para si só, para aqueles que dominam o capital. Não existe capitalismo inclusivo. Ele é por essência de descarte e desumano.

Eu era da pastoral do menor e colaborava com as ações para a população de rua, embora ainda não houvesse uma pastoral. Como houve muito conflito na pastoral do menor, Dom Paulo foi muito pressionado a me tirar de lá. O governo fez uma lista de padres que incomodavam e foi preciso que nós fôssemos neutralizados.

Dom Paulo, contudo, não me neutralizou, me tirou da pastoral do menor e me fez vigário do povo da rua. Me tirou de uma fogueira e me pôs em outra. Porque a questão da população de rua é também uma questão política, fortemente ligada ao modelo socioeconômico e político que nós vivemos.

Dom Paulo Evaristo Arns sempre foi chamado de o "cardeal do povo de rua". Ele foi para o Japão, em Tóquio, para receber o Prêmio Niwano da Paz dado pelos budistas. Na ocasião, ele me chamou, disse que o prêmio tinha uma parte em dinheiro e que queria que fosse destinado para algo que fosse importante para essa população. Pediu-me então para verificar o que eles queriam e, juntos, decidimos fazer a Casa de Oração do Povo da Rua, na Luz, que foi abençoada e aberta pelo próprio Dom Paulo. Há uma placa com o nome dele e a denominação *Cardeal do povo da rua*. Os moradores pediram uma igreja, porque na catedral da Sé eles não podiam entrar e quando entravam eram expulsos pelos seguranças ou os próprios paroquianos não queriam se sentar perto deles, o que os fazia se sentirem ainda mais rejeitados. Dom Paulo dizia que aquela era a catedral do povo da rua.

Acredito que a Arquidiocese de São Paulo é a única do mundo que tem uma casa de oração exclusiva para essas pessoas, especificamente para a pastoral de rua, mantida pela arquidiocese como espaço autônomo de interlocução e de diálogo inter-religioso e ecumênico a partir dos moradores de rua.

É um lugar onde eles celebram, onde almoçam no dia de Natal, onde tem uma convivência comunitária e onde juntos construímos com eles um caminho.

Fale com a pessoa que está na rua, olhe para ela, pergunte o nome, seja solidário, não discrimine, não os xingue, não os maltrate e se alguém estiver fazendo isso, proteja, defenda, não seja covarde nem conivente com a violência. Defender os fracos e os pobres todos nós podemos fazer. E que no final do ano, tenhamos o Natal como ele é. O Natal não é romantismo, é o realismo de um Deus que está presente, como diz o Papa Francisco. De acordo com Leonardo

Boff, "todo menino quer ser homem. Todo homem quer ser rei. Todo rei quer ser Deus. Só Deus quer ser menino". O Natal é isso, ser pequeno, estar com os mais fracos e mais pobres, não aceitar os tronos e poderes. Estar sempre do lado dos que perdem. Jesus perdeu, por isso ressuscitou.

6.3. Política Nacional para a População em Situação de Rua

No dia 23 de dezembro de 2009 entrava em vigor a Política Nacional para a População em Situação de Rua, por meio do Decreto nº 7.053, uma grande conquista, fruto das reivindicações que essa população teve a oportunidade de fazer diretamente ao presidente Lula na época.

Quando Lula assumiu o primeiro mandato, um amigo comum da Itália me convidou para ir a Brasília tomar um café com ele. Os seguranças não nos deixaram entrar, mas quando Lula passou e nos viu, nos incluiu imediatamente na comitiva. Ele nos levou para almoçar no Palácio da Alvorada e durante o almoço tinha um barulho de máquina de cortar grama. Lula perguntou que barulho era aquele e pediu para chamar o jardineiro para almoçar. O jardineiro veio assustado e Lula disse: "senta e almoça com a gente". E o jardineiro: "não, pelo amor de Deus, presidente..." e Lula insistia até que Dona Marisa pediu para Lula deixá-lo comer onde ele quisesse.

Nessa ocasião, perguntei a Lula se ele aceitaria ir ao encontro de Natal com os moradores de rua e catadores. E desse ano em diante ele esteve em todas as edições do evento com seus ministros para prestação de contas do ano e conhecimento das pautas e reivindicações mais importantes para construção de novos caminhos. Esse se tornou um encontro nacional, e de onde nasceu o decreto da política nacional para a população de rua.

No primeiro Natal com a participação do então presidente Lula, inauguramos a Casa Cor da Rua, para se contrapor à Casa Cor. A Casa Cor é o luxo. A Casa Cor da Rua é o lixo que eles transformavam em algo bonito.

O segundo foi na Cooperativa de Catadores Autônomos de Papel, Papelão, Aparas e Materiais Reaproveitáveis – Coopamare, embaixo do viaduto em Pinheiros. E Dom Cláudio Hummes era o arcebispo de São Paulo e disse na ocasião: "aqui, hoje, é minha catedral, aqui, hoje, é o seu palácio, embaixo do viaduto, junto dos catadores". E foi um período de grandes avanços para esses trabalhadores, como o desenvolvimento de um veículo elétrico para catadores de materiais recicláveis pela Usina Itaipu. E também foram liberados empréstimos para as cooperativas.

O governo Lula foi o primeiro a abrir as portas do Palácio do Planalto para o povo da rua e catadores. O presidente convidou os moradores para uma reunião com a equipe do BNDES. Ao final da apresentação, ele perguntou: "vocês entenderam alguma coisa?". E eles disseram que não. Lula então disse: "eu também não. Podem explicar tudo de novo".

Esse é o tipo de posicionamento de um líder que nos fortalece, que só entende o que é importante quando nós também entendemos. É um entendimento de empatia de quem sabe o que é fome, do que é ser retirante, de quais são as reais necessidades dos mais pobres. A meta de Lula sempre esteve e continua muito alinhada com a nossa: que todo brasileiro possa tomar café, almoçar a jantar, fazer no mínimo três refeições todos os dias.

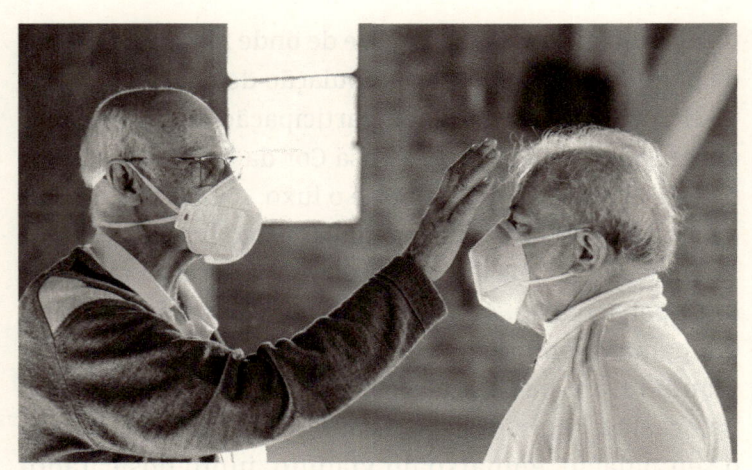

Visita de Lula ao Padre Júlio, em 25/05/2021.
Crédito: Ricardo Stuckert

O Ministro Alexandre Padilha solidificou os consultórios de rua que hoje estão espalhados no Brasil. O de São Paulo é um dos mais importantes e premiados do mundo. E os agentes de saúde são todos ex-moradores de rua e algumas mulheres *trans*. Um desses agentes se formou médico em Cuba e hoje atua em sua cidade natal. Em Cuba, ninguém acreditava que ele era morador de rua no Brasil.

Infelizmente não é a maioria, mas temos exemplos de várias pessoas que saíram da rua e hoje são assistentes sociais, psicólogos, enfermeiros.

6.4. Reconhecimento do Papa Francisco

Recebi um telefonema do Papa Francisco em outubro de 2020. Foi um momento muito emocionante. O Papa fala de forma simples e próxima como se conversássemos todos os dias. Quando o meu telefone tocou, como a chamada era sem identificação do chamador, imaginei ser algum jornalista estrangeiro e atendi.

Papa: *Padre Júlio* (com sotaque) *Parla italiano o habla catellano?*

Eu: *due*

Papa: *Sono Papa Francesco*

Consegui reconhecer a voz e disse: *"Santità!!"*

E me levantei, afinal não consigo falar com o Papa sentado.

Papa: *Eu sei das dificuldades e dos problemas que vocês passam, mas não desanime. Façam como Jesus. Estejam sempre ao lado dos pobres.*

Ele disse que tinha recebido a carta e as fotos do atendimento realizado para a população de rua durante a pandemia, que sabia do que se tratava, perguntou como era o meu dia, eu descrevi, e disse que tudo isso é meio para quem quer conviver. E ele concordou e reforçou para que eu estivesse junto com os pobres, convivendo, e que transmitisse sua bênção, seu afeto e carinho para os moradores de rua, por quem o Papa reza todos os dias. Essa ligação me deu ainda mais força e estímulo.

A esperança não é um sonho, é uma luta, um compromisso. A fé que nos faz lutar não é uma almofada para se acomodar, mas uma sandália para andar. Não tem esperança sem luta.

6.5. Ode a Dom Pedro Casaldáliga

A morte de Dom Pedro Casaldáliga em 2020 foi muito marcante. Bispo de São Félix do Araguaia, profeta sonhador, o poeta no caixão, morto, descalço com a estola nicaraguense, com a cruz feita pelos indígenas tupinambás, com seu anel de tucum (um símbolo da sua aliança com a causa indígena e as causas mais populares) e terço feito de sementes da floresta amazônica sepultado no cemitério dos Carajás dos Esquecidos. Não podemos esquecer desse gesto. Pedro morto, calado, questionou a igreja inteira, os cristãos, o Brasil, sem emitir uma só palavra. Me chamou muito a atenção o silêncio eloquente das autoridades que não comentaram sobre a figura histórica, singular e gigantesca de Dom Pedro Casaldáliga.

Da mesma forma, Dom Helder Câmara, Dom Luciano Mendes de Almeida e Dom José Maria Pires são grandes porque se fizeram pequenos. Quanto menores ficaram, maiores se tornaram. Quem quiser ser o maior, que seja o menor, com diz o Evangelho de Jesus.

6.6. Afinal, o que querem os moradores de rua?

Dignidade!!

Se você pergunta a qualquer pessoa em situação de rua, eles querem ter um lugar para morar. Eles querem ter uma porta para abrir, um lugar para se deitar, uma mesa para comer, um banheiro que não seja compartilhado com desconhecidos, um fogão para fazer a sua própria comida.

Quando a pandemia começou, pedimos para a prefeitura de São Paulo viabilizar leitos para a população de rua. O Ministério Público recomendou 8 mil leitos para atendimento dessas pessoas e depois de longos 120 dias, a prefeitura nos entregou apenas 200 para o uso de idosos.

A rede hoteleira de São Paulo preferiu ficar fechada a abrir espaço para que essas pessoas fossem acolhidas, especialmente mulheres, crianças e idosos. É importante garantir o isolamento social e trabalhar para que, independente da emergência sanitária, as pessoas tenham condições de vida. Vejo muitos moradores de rua que possuem seus barraquinhos, zelando pelo seu espaço com jardim, tapete, vaso, sua decoração própria, tendo suas coisas chutadas, destruídas e recolhidas pela GCM. Não lhes dão sequer direito à subjetividade.

Uma força motriz hoje no Brasil é a especulação imobiliária. Temos que humanizar a vida, reduzir as desigualdades, mantendo uma renda mínima, o respeito à diversidade, à pluralidade, não tutelando as populações empobrecidas e reconhecendo que eles têm sua cultura, sua maneira de ser e de pensar. São várias questões que implicam que não tenhamos um pensamento tão raso e simplista dizendo que eles estão na rua porque escolheram. Ninguém escolhe dormir na chuva, não ter banheiro, dormir na calçada dura e não ter água potável para beber e um alimento para comer na hora que sentir fome.

Temos recebido algumas doações inesperadas. Em um desses dias de isolamento, uma hora e meia depois de atender, eu estava muito cansado, entrei na cozinha da igreja para tomar um chá e alguém me pediu para voltar porque tinha alguém me chamando. Eu fui e uma pessoa me entregou um cheque de R$ 3.000 dizendo: "é para você". E eu disse, "como assim, filho? Você não pode me dar isso. Você quer que eu guarde para você? De quem é isso?" E ele respondeu: "estou dando para você, é minha contribuição".

Aquela situação foi tão inusitada, que fiquei com o cheque no bolso por mais de uma semana. Por fim eu depositei e compensou. Nunca mais vi essa pessoa.

Em geral, os moradores de rua da região que me conhecem, me perguntam se eu estou bem, percebem quando estou cansado, pedem para eu me sentar e descansar. Não ouço isso de outros padres, ouço dos irmãos de rua. Eles param o trânsito para eu atravessar a rua. Eu cuido deles, mas eles também cuidam de mim.

Uma senhora com três filhos apareceu sozinha na paróquia, me pediu algo que eu não consegui atender e saiu brava, gritando, me xingando. Em um outro dia bem cedo, estava chovendo, ela apareceu novamente, me chamou e pediu: "padre, eu te suplico, pelo amor de Deus, me dá uma barraca. Essa noite eu não dormi velando o sono dos meus filhos para que eles conseguissem dormir, nós ficamos na chuva a noite inteira". Olhei para ela e disse: "eu não vou te dar uma barraca" (ela me olhou espantada, depois de ter suplicado tanto e humildemente), "você vai para um hotel hoje, você e seus três filhos". Sempre que possível, mantemos mulheres com crianças ou idosos muito debilitados em hotéis e pagamos as diárias com verba da igreja.

Há também o caso de um bebê, o Gael, que nasceu com a língua presa e não conseguia mamar. Recebemos a doação de uma bomba para a mãe ordenhar seu leite e oferecer, e uma fonoaudióloga, ao saber da história, entrou em contato comigo e conseguiu uma profissional especializada para fazer a frenectomia, a cirurgia que corrige o problema. Com um mês de vida ele foi me visitar e já estava mamando diretamente no peito da mãe, crescendo, ganhando peso e muito saudável.

**Nada disso muda o sistema,
mas muda o nível de humanização,
dá conforto e esperança.**

Atendemos sem nunca perder de vista o horizonte de um Brasil mais justo, mais fraterno, mais solidário, onde a biodiversidade seja respeitada e a diversidade humana também, que o Pantanal não seja queimado e a Amazônia seja preservada, que os povos indígenas vivam e que os quilombolas toquem seus atabaques. Que todas as culturas e grupos tenham suas identidades respeitadas e valorizadas.

Jesus não veio trazer uma religião. Jesus veio propor que humanizemos a vida. A religião é um instrumento e não um fim.

Muita gente me pergunta o que pode fazer para ajudar. E tem uma coisa que todo mundo, sem exceção, pode: mudar o lugar social, tentar entender o lugar, a perspectiva do outro. Você não precisa dar nada. Dê um pouco do seu sorriso, do seu olhar, seja humano. Aquilo que Jung diz, "conheça todas as teorias, domine todas as técnicas, mas ao tocar uma alma humana, seja apenas outra alma humana". Trate os mais desfavorecidos como você gostaria de ser tratado. Nos dias mais quentes, você pode ter uma garrafa de água na bolsa e oferecer para um morador de rua ou para um catador.

Nada disso vai mudar o sistema, mas humaniza e nos mantém alinhados com a busca incessante por propostas políticas que sejam melhores para todos e não só para mim.

Quando eu era criança ouvia que o amor é uma flor roxa que nasce no coração dos trouxas. Hoje o amor é uma decisão política e econômica. Nas eleições, vote em candidatos e propostas que considerem os mais vulneráveis.

A melhor forma de ajudar as pessoas é não maldizê-las, não maltratá-las, não discriminá-las. Sejam solidários, não sejam medíocres, sejam pessoas que façam a diferença. Olhe para o irmão de rua e o cumprimente, pergunte o nome, fale com essas pessoas, não despreze quem não pode se defender. Pode não dar certo, às vezes tem algum mais alterado, com mais dificuldade, mas nenhum deles perde a sensibilidade. Eles sabem bem quem age com medo e quem age com amor.

A questão da população de rua, embora tenha especificidade, está interligada com outras questões, então para ter luz no fim do túnel é preciso ver questões como a da reforma urbana, acesso a moradia, acesso ao trabalho. População de rua não é um fenômeno em si mesmo. É preciso uma atuação efetiva na diminuição da desigualdade.

E para isso tenho algumas propostas: renda mínima municipal, locação social, possibilidade de trabalho, facilitação no transporte e veto às reintegrações de posse durante a pandemia.

A solução mais imediata sob o meu ponto de vista seria a renda mínima municipal, com critérios e regras claros, com CAD único, com facilitação do retorno à família de origem em outros estados, se houver. A renda mínima poderia começar com mulheres com crianças ou casais com crianças que estão na rua.

Medidas contra desocupações como a locação social, figura jurídica já estabelecida e existente em São Paulo, teriam retorno positivo. Abrigos, albergues e espaços de convivência já se mostraram ineficazes. A locação social seria uma resposta mais efetiva. São Paulo tem mais casa sem gente do que gente sem casa. O Papa João Paulo II já dizia que sobre toda casa pesa uma hipoteca social.

Fiz uma sugestão para a Junta Comercial propondo que cada empresa empregue apenas um morador de rua, não mais que um. Somente essa medida reduziria a população de rua em 30%. Sabemos que não é possível empregar a todos, por questões relacionadas a doenças mentais graves que impossibilitam a pessoa para o trabalho e por isso precisam de cuidados.

O veto às reintegrações de posse durante a pandemia não foi aceito de imediato e a justiça permitiu essa barbaridade por mais de um ano após o início da pandemia.

Mas na primeira semana de junho de 2021, o ministro Luís Barroso do STF determinou a suspensão, pelo período de 6 meses, de medidas administrativas ou judiciais que resultem em despejos, desocupações, remoções forçadas ou reintegrações de posse, em imóveis de moradia ou de área produtiva pelo trabalho individual ou familiar, de populações vulneráveis.

Temos ocupações enormes e numerosas na cidade de São Paulo. Não há como acreditar que todas essas pessoas irão para os centros de acolhida da prefeitura.

São várias as providências que podem acender uma luz de esperança, mas que exigem o compromisso, a convivência, a jurisprudência e a boa vontade dos poderes públicos.

Há respostas conhecidas politicamente que poderiam ser dadas e que estão dentro da lógica das chamadas políticas públicas da prefeitura, como por exemplo a locação social, bastante emancipatória, que não dá o direito de propriedade, mas garante o direito de moradia. Isso sim é sair completamente do sistema. A locação social não precisa ser somente em prédios públicos.

A locação social é uma resposta que já existe, de respeito, de autonomia e que vai ao encontro de uma necessidade real que a população de rua tem, que é o binômio moradia e trabalho, dois aspectos imprescindíveis e importantes para essa população.

Lisboa, guardadas as devidas proporções, reduziu em 50% sua população de rua com a locação social. A pessoa paga 10% do que ela é capaz de ganhar com o seu trabalho, seja na reciclagem ou qualquer outro trabalho.

Uma outra questão fundamental, que ajudaria toda a população de rua se fosse implantada no Brasil, seria a renda básica cidadã, que já foi aprovada, só não está regulamentada. Não dá para ser para todos, mas pode começar com grupos de maior vulnerabilidade, como idosos e mulheres com crianças em situação de rua e a renda básica com proteção social diminuiria em muito esse contingente humano que está pelas ruas da nossa cidade.

As respostas padronizadas são os centros de acolhida, os famosos albergues. Mas eles são massivos, para 100, 200 pessoas, mesmo os abertos emergencialmente durante a pandemia.

A população de rua é bastante heterogênea, há grupos familiares, há grupos de mulheres, há grupos consideráveis de LGBTQIA+, de mulheres *trans* em número crescente. Cobramos com frequência respostas de proximidade de pequenos grupos, repúblicas, moradias terapêuticas, bolsa aluguel e toda forma de garantir individualidade e privacidade das pessoas.

Quando se reúne no mesmo lugar, como um centro de acolhida, um grupo grande com tanta diversidade, precisa de aparato que passe pela questão da segurança, de salubridade, de operacionalização na alimentação, na logística de higienização, que tornam os ambientes deteriorados, que obrigam a população a conviver de forma penosa e difícil.

Existem refugiados que estão aqui na nossa frente e que nós não percebemos, os Refugiados urbanos, os moradores de rua.

Quem são os refugiados urbanos com os quais convivemos?

É uma nomenclatura usada inicialmente pelo Projeto Quixote, e é aquele que na cidade é indesejável, nenhum lugar o quer, nenhum lugar o deseja.

Nós gostaríamos que a população de rua recebesse os status de refugiado para garantir a eles vários direitos civis, sociais, econômicos, direitos humanos básicos para sua sobrevivência.

A população de rua é perseguida, tratada com extrema violência e isso dá origem a essa arquitetura hostil e ações truculentas de forças de segurança oficiais, inclusive particulares.

6.7. Vacina para o nosso povo!

Os moradores de rua em São Paulo começaram a ser vacinados por idade.

Claro que tudo o que atinge a população em geral atinge também a população de rua. E o momento é ainda mais dramático, é angustiante, uma situação dolorosa, um verdadeiro genocídio. É difícil verbalizar o sofrimento que estamos vivendo nesse momento fruto de omissão, de negligência, do negacionismo e tantas outras questões.

Acredito que as grandes palavras de esperança para todos nós é resistir, insistir, persistir, não desistir, não desanimar, ter força e coragem mesmo em um momento tão doloroso como o atual.

Tenho dificuldade com os conceitos de ressocialização, reeducação e requalificação profissional, por exemplo. Penso que são termos que precisamos discutir melhor pedagogicamente porque são intrínsecos a um sistema que acaba descartando e acredita que existem formas de responder a essas questões sem mudar ou questionar o próprio sistema.

O grande conceito hoje é o de emancipação, de liberdade de escolhas, de respeito à condição humana das pessoas. E a grande palavra, autonomia.

A campanha da fraternidade ecumênica de 2021 denuncia o uso do nome de Jesus e o uso do nome da fé cristã para subjugar, dominar e ter uma atitude opressiva, discriminatória, negacionista, racista, justificando o porte de armas como se fosse de defesa pessoal e a disseminação de ideias fundamentalistas ao dizer que é desnecessária a vacina porque conta com a proteção de Deus, ou seja, são discursos equivocados.

Minha grande missão é tentar ajudar as pessoas a se emanciparem de um conhecimento e leitura fundamentalista para uma leitura verdadeira de vida, esperança e respeito a todas as manifestações religiosas, sejam elas cristãs ou não cristãs, aquelas de matriz africana e aqueles que não tenham religião e/ou sejam ateus. O importante é que sejamos todos humanos.

Como diz Bento XVI, o bispo emérito de Roma, que a nossa evangelização e o nosso testemunho sejam de atração. E como diz Papa Francisco, que não seja um testemunho de proselitismo, mas de testemunho da nossa fé, isso que nos dá credibilidade. E que nós tenhamos a capacidade de conversar com todos os grupos. O que precisamos saber é a partir de onde nós conversamos, a partir de que ponto, porque como diz o grande teólogo Leonardo Boff: "todo ponto de vista é a vista a partir de um ponto".

A partir de que ponto estamos lendo a realidade, problematizando-a, elaborando o conhecimento e conhecendo os diferentes saberes que o mundo nos propõe?

Eu quero olhar a partir da calçada, de quem dorme na rua deitado no papelão!

Fazíamos na comunidade dos sofredores de rua uma vigília da Páscoa. Colocávamos na grande cruz da semana santa os nomes de todos os moradores que tinham morrido, e os irmãos de rua a enchiam de flores. Andávamos na madrugada com ela toda florida, iluminando nosso caminho com tochas. Era o florescimento da cruz.

Então precisamos saber olhar o mundo a partir de baixo. Tem muita gente olhando o mundo a partir de cima, da torre, das coberturas. É preciso descer e olhar o mundo a partir da calçada.

Quando eu ia na penitenciária feminina e as presas queriam conversar com os jovens que estavam presos do outro lado do muro elas diziam: "vem aqui que nós vamos fazer um abano". E o abano eram gestos com as mãos para se comunicar. Algumas vezes elas diziam "vamos rezar por eles" e no final faziam com as mãos o sinal de "Amém" em libras.

Era um sinal tão bonito de esperança, de afeto e de coragem... E ao lembrar disso tenho ainda mais certeza de que ninguém vai romper a comunicação e a força do amor.

Coragem para todos!
Lutem!
Resistam!
Insistam!
Humanizem a vida!

Doações para a
Paróquia de São Miguel Arcanjo

Banco Bradesco
Agência 0299
Conta Corrente: 034857-0
CNPJ. 63.089.825/0097-96

Chave PIX: 63.089.825/0097-96

www.oarcanjo.net

Aponte o leitor de QR Code
do seu celular para acessar a
galeria completa de fotos realizadas
durante a produção deste livro.

O uso das fotos é liberada desde que
mencionados os devidos créditos para o fotógrafo:
Cláudio Margini Jr.

Contato
https://www.cmargini.net/
@cmarginifoto